W0327783

SVĚTLA ANDĚLŮ

Andělé nám pomáhají

Diana Cooper

KATALOGIZACE V KNIZE – NÁRODNÍ KNIHOVNA ČR
Cooper, Diana
Světla anělů – Andělé nám pomáhají / Diana Cooper :
[z anglického originálu ... přeložila Barbora Šebková] . –
Praha : Pragma, 2000 . –
Název originálu : A little light on angels

ISBN 80-7205-721-9

235.1 * 291.215 * 165.322 * 001.94 * (0.062)
* andělé
* angeologie
* nevysvětlené jevy
* duchovní poznání
* populárně-naučné publikace

Diana Cooper

SVĚTLA ANDĚLŮ

Andělé nám pomáhají

Z anglického originálu A Little Light on Angels
přeložila Barbora Šebková.
Sazba: PRAGMA.
Grafická úprava: Blanka Šulcová.

Vydalo nakladatelství PRAGMA,
Vězeňská 3, 110 00 Praha 1.

© Diana Cooper, 1996
© PRAGMA, 2000

ISBN 80-7205-721-9

Obsah

Mé setkání s anděly 5
1. Co jsou to andělé? *9*
2. Andělé čekají na to, aby mohli pomoci *13*
3. Duchovní zážitek *17*
4. Strážní andělé *19*
5. Andělé jsou vždy nablízku *23*
6. Léčebná síla odpuštění *27*
7. Andělé a děti *29*
8. Andělé míru *33*
9. Duchovní olej *35*
10. Andělé obřadů a rituálů *39*
11. Andělé vnášejí světlo do temnoty *43*
12. Andělé léčí naše srdce *45*
13. Andělé jsou všude *49*
14. Andělé nám pomáhají oprostit se od všeho, co nás svazuje *51*
15. Léčení pomocí andělů *53*
16. Hlas trubk *57*
17. Andělé barev *61*
18. Andělé vyslyší naše modlitby *65*
19. Andělé lásky *69*
20. Andělé Země *73*
21. Praktičtí andělé *77*
22. Andělé pomáhají manželství *81*
23. Andělé a království přírody *83*
24. Brány mezi dimenzemi *87*
25. Hierarchie andělů *91*
26. Andělé z Bible *95*
27. Andělé v kostelech *101*
28. Temní andělé *103*
29. Andělé záchranáři *107*
30. Andělská moudrost *111*
31. Inspirace *115*
32. Andělská cvičení *119*

Jenny a andělům s láskou a poděkováním

Mé setkání s anděly

Myslím, že jsem o andělech nikdy moc nepřemýšlela. A protože jsem se narodila v rodině, kde náboženství bylo tématem, o kterém se nemluvilo, a zbožní lidé byli považováni za mírně podezřelé, ani se není čemu divit.

Můj otec byl vědec, ze kterého se stal obchodník, a matka byla zdravotní sestra. Byli to velmi přízemní, logicky myslící lidé, kteří odmítali jako naprostý nesmysl cokoli, co mělo nádech okultismu, spiritualismu nebo mělo něco společného s náboženstvím.

Jako dítěti mi bylo neustále vtloukáno do hlavy, že ve společnosti je zcela nepřístojné hovořit o třech zakázaných tématech – o penězích, o politice a o náboženství! Andělé tak pro mě zcela jasně spadali do té poslední kategorie.

Dovedete si jistě představit, jak bylo pro mě a pro mého bratra Nigela šokující, když nám jednoho dne matka oznámila, že nás hodlá vzít do kostela! To mi bylo třináct let. Kam až sahá moje paměť, nikdy předtím jsem v žádném kostele nebyla. Maminka prohlásila, že naše náboženské vzdělání bylo totálně zanedbáno, a že se chystá to napravit. Byli jsme s Nigelem oba naprosto zděšeni. Matka se oblékla do svých nejlepších šatů a doslova nás tam dotáhla. Cestou tam jsme se tvářili značně trucovitě, zpátky jsme se vrátili s tím samým výrazem na tváři a celý experiment se už nikdy neopakoval. Na tento zážitek si moc nevzpomínám, vybavuje se mi jenom pocit zmatenosti a zlosti. Zdálo se, že se náhle změnila všechna životní pravidla.

Svůj první a po mnoho let jediný parapsychologický zážitek jsem prožila ve svých sedmnácti letech. Byl to zážitek, o kterém jsem samozřejmě nemohla vůbec s nikým mluvit. Můj přítel, který byl v ročníku nade mnou, odešel na třídní mejdan. Šla tam i jeho bývalá přítelkyně. Já jsem zůstala doma a maminka mi myla v kuchyni hlavu, jak se to tenkrát dělávalo, a přitom jsme si spolu povídaly. Najednou jsem se v tom samém okamžiku ocitla v místnosti, kde probíhal mejdan, a mohla jsem pozorovat vše, co se tam dělo. Viděla jsem svého přítele, jak se líbá se svojí bývalou přítelkyní, která mu seděla na klíně. Byla jsem naprosto zdrcená. Nikdy jsem ani na vteřinu o svém zážitku nezapochybovala. Co se mne týče, byla jsem prostě tam. Viděla jsem všechny, kdo v té místnosti byli, a všechno, co se tam dělo.

Další den, když pro mě můj přítel přišel, přivítala jsem ho slovy: „Jak jsi jenom mohl!“ A co je ještě podivnější, nikdy se mě nezeptal, jak, nebo co vlastně vím. Oba jsme prostě věděli, že to vím.

Život šel nezadržitelně dál se všemi svými úspěchy i prohrami. Vdala jsem se a narodily se mi tři děti. Navzdory všem problémům bylo toto období pro mě velmi šťastné. Po mnoho let jsme bydleli v cizině ve velmi materialistickém prostředí.

Pak přišlo velmi pochmurné období. Mé manželství se ocitlo v troskách. Naše děti byly v té době v internátní škole, a já měla pocit, že se naprosto vypařila moje úloha, kterou jsem ve svém životě zastávala. Když jsme se s manželem vrátili zpět do Londýna, nikoho jsem tam už neznala. Potloukala jsem se sama sem a tam po našem obrovském domě a v hlavě mi stále dokola kroužily chmurné myšlenky. Věděla jsem, že musím pryč, rozvést se a nalézt způsob, jak si vytvořit pro sebe a pro své děti nový domov. Nějak jsem si musela vydělat na živobytí, ale nic jsem neuměla a úroveň mého sebevědomí byla na bodu nula. Byla jsem úplně na dně.

Právě v okamžiku nejhlubšího zoufalství jsem zažila svoji první duchovní zkušenost. Jak už jsem popsala v jiné knize, „nějaká bytost" mě pozvedla ze stavu, ve kterém jsem uvažovala o sebevraždě, dala mi na srozuměnou, že jsem „učitelka", a postavila mě do místa, kde začala moje pouť Vesmírem.

Nazvala jsem ji „světelnou bytostí". Nyní vím, že to byl anděl – nádherný zlatý anděl. Moje mysl byla ale pro svět andělů zcela uzavřena. Bylo to proto, že náleželi k náboženství, a tak jsem ho nemohla nazývat andělem, přestože vypadal jako tradiční anděl z obrázků – i když si nevzpomínám, že by měl jakákoli křídla. Zdálo se, že létá tak, že klouže vzduchem nebo občas prudce vzletí do výše, spíš jako superman.

Po tomto spirituálním zážitku jsem se začala zajímat o duchovní vůdce, učila jsem se rozmlouvat sama se sebou a občas, tím, jak jsem se stávala stále jasnozřivější, jsem je i spatřila. Duchovní vůdcové jsou vyvinutější stvoření duchovního světa, kteří se někdy, ale ne vždy, převtělují do hmotného těla na Zemi. Z pocitu obrovské lásky a soucitu, který k nám cítí, se rozhodli nás dobrovolně vést a pomáhat nám v našem duchovním růstu.

Andělé nám pomáhají se dále vyvíjet.

Z celého srdce jsem si přála stát se léčitelem a duchovním učitelem. Během dalších dvanácti let se můj život od základů změnil. Vydala jsem sc po duchovní cestě, ačkoli to nebyla cesta náboženská. Nyní jsem došla k poznání, že všechna náboženství představují stezku vedoucí k duchovní hoře. Všechna náboženství uznávám, ale k žádnému z nich nepatřím.

Ačkoli jsem čas od času pociťovala, že okolo mě existují andělé, rozmlouvala jsem nejprve a především se svým duchovním vůdcem. Zažívala jsem v těchto letech mnoho duchovních zkušeností.

Jednou jsem se večer v létě koupala ve vaně, vstřebávala jsem do sebe měkké teplo bublinkové vody a rozjímala jsem o své příští seminární hodině „léčení a duchovního růstu". Prosila jsem o duchovní radu a ptala jsem se: „Čeho se má ta hodina týkat?" Náhle se ozval hlas, nebo spíš přesněji – silná a jasná myšlenka v mé hlavě řekla: „Tvým úkolem je seznámit je s léčebnou silou andělů."

Naprosto překvapená jsem zvolala: „Ale já nevím vůbec nic o léčebné síle andělů."

Hlas mi odpověděl: „Ale ano, víš. Jen si toho zatím nejsi vědoma."

„Ach jo," řekla jsem, „ale to přece nemůžu udělat v první hodině nového semestru. Někteří jsou tam poprvé."

Odpověď přišla okamžitě: „Kdo vede tvoji hodinu – tvé ego nebo tvé vyšší vedení?"

Chytila jsem se toho a zeptala jsem se: „Aha, takže to je ten rozdíl mezi léčením s pomocí vůdců, duchovním léčením a léčením s pomocí andělů?"

Hlas odpověděl: „Andělé vás oba vynesou k Bohu." Předpokládala jsem, že slůvko „oba" znamená léčitele a osobu, která je léčena. Aniž udělal hlas nějakou pauzu, pokračoval: „Potřebuješ skutečně jasnou představu zlatého prostoru, do kterého pak takové anděly pozveš. Udělej to."

Rozmluva skončila. Zcela ohromená jsem vyskočila z vany a jen tak, zabalená do ručníku, jsem napsala vše, co se odehrálo. Tušila jsem, že jakékoli další informace, které budu potřebovat, mi budou sděleny, ještě než moje hodina začne – a měla jsem pravdu.

KAPITOLA 1

Co jsou to andělé?

„Co jsou to přesně andělé?" zeptala jsem se.

Můj instruktor ohledně světa andělů mi řekl, že andělé jsou vyšší duchovní bytosti. Řekl, že božská Prasíla (nebo Bůh) ustanovila anděle jako vůdce, ochránce a pomocníky Jeho tvorstva a užívá je jako Své posly.

Lidským bytostem, jejichž duše nejsou tak vysoce vyvinuté, bylo dáno hmotné tělo, aby mohli na Zemi dále duševně růst a rozvíjet se.

Všichni a všechno je tvořeno vibracemi. Čím je taková vibrace těžší, tím je objekt hutnější, a z toho důvodu mohou být židle, stoly a lidské bytosti viděny a pociťovány.

Andělé mají lehčí a rychlejší vibrace, takže většinou nejsou pro lidské bytosti viditelní.

Jsou to oboupohlavní bytosti, které nemají potřebu sexu, neboť jejich ženské a mužské aspekty jsou v naprosté rovnováze. Když dosáhnou lidské bytosti kteréhokoli pohlaví ve svém těle stavu perfektní rovnováhy ženských a mužských energií, přestanou pociťovat sexuální touhu. Této úrovně dosahují pouze velmi vyvinuté lidské bytosti, což vysvětluje skutečnost, proč je pro většinu lidí celibát tak těžký. Ti, kteří o celibát usilují, nejsou ještě připraveni.

V jaké duchovní hierarchii se andělé nacházejí? Obecně lze říci, že jsou na mnohem vyšší úrovni, než jsme my, ačkoli se stejně jako lidské bytosti liší ve svém duchovním růstu podle dosažené úrovně osvícení.

Lidské bytosti jdou po jiné vývojové cestě než andělé, takže se lidé jen zřídkakdy stávají anděly a naopak.

Můj instruktor ohledně andělů mi řekl, že někteří andělé jsou tady proto, aby lidskému rodu pomáhali a sloužili mu. Psi, kočky a koně lidem často také slouží a stejně i delfíni, nicméně se nacházejí na jiné vlastní a oddělené vývojové cestě.

Lidské bytosti by nikterak neposloužilo, kdyby se na Zemi vrátila jako nějaký pes, a ani by neposloužilo delfínovi v jeho duchovním růstu, aby se z něj stal člověk. Z toho důvodu se andělé, delfíni, lidské bytosti, psi a jiná stvoření pohybují po své vlastní vývojové cestě, a když se střetávají s jinými druhy, dochází také částečně k jejich duchovnímu vývoji.

Předtím, než jsem se s anděly setkala a mluvila s nimi, nevěděla jsem, že existuje velké množství jejich druhů, stejně jako je velké množství lidských ras, přičemž každý se učí a roste na své vlastní duchovní cestě. Existují andělé, kteří se zasvětili léčení, jiní míru a jiní lásce.

Ke každému páru přichází v okamžiku svatebního obřadu anděl. Úkol takového anděla je pomáhat těmto dvěma lidem, aby se od sebe neodloučili. A dokonce i když se manželská dvojice rozejde, jejich anděl se je stále pokouší spojit dohromady. A to je ten důvod, proč je zapotřebí rozvodového obřadu, aby mohl být anděl uvolněn pro jinou práci.

A všichni máme také svého anděla strážného v okamžiku svého narození, který je nám stále nablízku. Samozřejmě, stejně jako naši duchovní vůdcové, mohou být tito andělé pociťováni jen potud, do jaké míry jim to dovolíme. Velmi často k nám nemohou proniknout přes bouřlivou vibraci našich emocí, aby nás mohli obejmout tak, jak by si to přáli.

Existují i malí andílci, kteří mají na starosti drobné úkoly, a také obrovští andělé s nekonečně velkým množstvím energie, kteří se starají o velké vesmírné projekty.

Anděly najdete samozřejmě v blízkosti kostelů a katedrál. Jsou také přítomni všude tam, kde se lidé shromáždí z důvodů náboženských nebo duchovních. Andělé se hromadí v místech planety, která jsou nabita velkou silou. Jsou to obyčejně místa plná krásy.

Existují také obrovití andělé, kteří mají v opatrování velké hornaté kraje, lesy, hvězdy a slunce. Existují také abnormálně velcí andělé, kteří se nacházejí mimo naši planetu ve vesmíru.

Během let, a dokonce i v primitivních dobách, se umělci vědomě či nevědomě naladili na tyto duchovní sféry a všechny možné druhy andělů zachytili na obrazech, nebo ve formě soch.

Andělé také zpívají. Ne náhodou se říká „chóry andělské". Mystici a duchovní mistři je v minulých dobách zcela jistě slyšeli a viděli a tuto zkušenost pak sdělili těm, kteří ji byli připraveni vyslechnout. Andělská hudba je nebesky krásná, jsou to zvuky, které nemůže lidské ucho zachytit. Nicméně na nás mají tyto božské zvuky vliv, pozvedají nás, inspirují a léčí. Tyto zvuky se dotýkají každé buňky našeho bytí a mění nás, ať už si toho jsme nebo nejsme vědomi.

Samotná přítomnost andělů mezi námi otevírá bránu našeho vědomí k vyšším a větším možnostem. A je jich mezi námi v dnešní době více než v kterékoli jiné době v minulosti. Důvodem je to, že planeta Země dosáhla určitého kritického bodu. Vyplenili jsme naši planetu a obklopili ji téměř neproniknutelnou negativitou. Pán tvorstva rozhodl, že to tak dál nemůže pokračovat. Nebylo nám dáno svolení ničit krásnou Zemi. Způsobilo by to nerovnováhu v celém vesmíru.

Takže nyní musí lidské bytosti pozvednout své vědomí na úroveň, kde budou ctít Zemi, přírodu, všechny druhy zvířat a jeden druhého – nebo musí odejít.

Andělé se sem nyní shlukují, aby nám všem pomohli zvýšit úroveň našeho vědomí.

KAPITOLA 2

Andělé čekají na to, aby mohli pomoci

Andělé v sobě mají tak obrovskou studnu lásky, že odpovědí hned, jak vyšleme volání vycházející z hloubi naší duše. Mají také obrovský soucit s planetou Zemí, a to je důvod, proč se objevují v takové hojnosti, aby nabídli svoji pomoc v tomto období neklidu, tísně a změny.

Následující dopis jsem obdržela od Patricie O'Flahertyové, která píše o příhodě, jež se jí stala v období hlubokého a naprostého zoufalství.

Byla noc a já seděla sama. Plakala jsem a cítila jsem se strašně osamělé a zoufale, když tu jsem „uslyšela": „Nejsi sama. Jsme tady", a začala jsem si být vědoma toho, že je se mnou v místnosti spousta přátelských andělských sil, laskavých a milujících, pohybujících se tiše sem a tam, a že jsou všichni kolem mě. Utěšilo mě to a povzbudilo, a od té doby mi bylo jasné, že nikdy nejsme tak sami, jak sami sobě namlouváme.

Pokud je naše potřeba dostatečně velká, andělé přijdou, aby nám poskytli útěchu, vedli nás a někdy nám i hmotně pomohli.

V knize *The Power of Inner Peace* vyprávím historku o svém příteli, kterého tam nazývám Barry. Pracoval neuvěřitelně dlouhé a dlouhé hodiny na tom, aby udržel svůj obchod. Noc co noc jezdil domů autem ve stavu naprostého vyčerpání, kdy byl stěží schopen udržet otevřené oči. Jednou v noci se nevyhnutelné stalo skutkem a on usnul za volantem a to těsně před tím, než dojel k velmi rušné hlavní křižovatce. Když leknutím otevřel oči, byl už v pořádku za křižovatkou a sjížděl dolů silnicí.

Na sedadle vedle něj seděl anděl, který držel volant a navigoval auto. Jakmile se můj přítel probudil, anděl zmizel a zanechal ho ve stavu naprostého zmatku a posvátné úcty.

Jsem přesvědčena o tom, že my všichni jsme neustále ochraňováni svými vlastními anděly strážnými a jinými duchovními pomocníky. Jak jinak bychom se mohli jen za pomoci svých omezených lidských smyslů hnát po dálnicích neskutečnou rychlostí a nesrazit se?

Většinou jsou pro nás andělé neviditelní, protože jejich vibrace jsou pro lidské oko nepostřehnutelné. Někdy ovšem můžeme pozvednout své vědomí natolik, že je vidíme. Jindy, když jsme ve stavu spánku nebo naprosté relaxace, závoj mezi světy se ztenčí a my jsme schopni je spatřit.

Nejčastěji jejich přítomnost a impulz energie přicházející odnikud, který nám pomáhá, prostě jen pociťujeme. Když jsem psala tuto kapitolu, jeden kamarád mi vyprávěl o své matce, která je velmi opatrná a přízemní osoba. Jednou se snažila ze všech sil zvednout nemožně těžkou skříň. Náhle uslyšela něžný a rychlý šelest vzduchu a cítila, jak je skříň nadzvedávána neviditelnýma rukama. „Věděla“, že to byl anděl.

V Bibli se hovoří o andělech, kteří k lidem přicházejí ve snu, aby jim předali nějaké poselství. Děje se to stále, ale velké množství lidí vidí v těchto „návštěvách“ prostě jen sny – výplod naší fantazie. Jak se nám lidským bytostem asi musí vyšší duchovní světy divit!

Jedna moje přítelkyně měla strašný strach z létání. Když se pokusila svému strachu čelit, dostala v letadle záchvat šílené a ochromující paniky. Po mnoho let jí to zabraňovalo cestovat tak, jak by si byla přála.

Požádali jsme pro ni o duchovní pomoc s tím, že jsme věděli, že pomoc přijde vždy, když se o ní požádá, ať už jí vědomě rozeznáme a přijmeme nebo ne.

Tu noc se jí zdál sen o tom, že je v letadle, které bylo zaplněné obrovským zlatým andělem. Když se probudila, věděla, že jí bylo sděleno, že je pro ni cestování letadlem naprosto bezpečné. Nyní je z ní sebevědomá osoba, která často letadlem cestuje.

Někdy k nám andělé přicházejí během doby, kdy spíme a dokonce nás i léčí. Jedna mladá žena, která se jmenuje Sharon, mi napsala a pověděla o svém uzdravujícím zážitku.

Začalo jí značně bolet pravé koleno, ale nevěděla proč. Šla ke svému lékaři, který ji vyšetřil a dal jí nějaké léky. Večer si lehla, aniž si léky vzala, s tím, že je začne brát až od rána.

Tu noc se jí zdálo, že leží na břiše a že má nohy lehké jako pírko. Prostě se jen tak vznášely. Byly stále spojeny s jejím tělem a byly jen malý kousek nad zemí. Byl to báječný pocit. Pak začaly její nohy masírovat zlaté ruce. To bylo také naprosto úžasné.

Další ráno bylo její koleno o mnoho lepší a během následujících několika dní bolest úplně zmizela. Nikdy nemusela brát své léky.

Až k sobě všichni povoláme anděly,
aby nám pomohli se vyléčit,
bude to zcela jiný svět.

KAPITOLA 3

Duchovní zážitek

Lesley přišla na můj kurz „Smysl života“ a podělila se o svůj příběh, o svůj duchovní zážitek, který ji přivedl na cestu hledání pravdy.

Před třemi roky prožila velmi emocionální a traumatický rok plný mnoha osobních ztrát. Protože zažívala jeden šok za druhým, sedla si a pokoušela se přijít na to, jaký má život smysl. Nyní následuje to, co mi napsala, že se jí stalo.

O týden později, v časných ranních hodinách, když jsem ještě spala, probudilo mě velmi jasné „bílé světlo“. Bylo to něco, co jsem ještě nikdy v životě neviděla – bylo tak jasné, že ozářilo celou moji ložnici. Nebylo to normální světlo. Nikdy jsem se s něčím podobným nesetkala!

Nemusela jsem přivírat oči, jako když vás ozáří slunce nebo reflektory auta. Bylo to zářící jasné „čiré bílé“ světlo (ne oslepující, ale „planoucí“) a vyzařovalo nádherný teplý pocit lásky, jako by mi říkalo, abych se nebála. Dívala jsem se upřeně na tuto „světelnou bytost“, která mě naplňovala pocitem, že jsem milována. Zdálo se, že říká: „Ty víš, proč jsem tady – věř ve mě.“

Vzpomínám si, že jsem čekala na nějaké poselství a co se bude dít dál. Pak si vzpomínám, že jsem viděla sebe samu, jak shlížím se stropu na své tělo, ležící v posteli. Bylo to neuvěřitelné. A pak, dřív, než jsem se nadála, jsem byla zpět ve svém těle a přetahovala jsem si peřinu přes hlavu.

Bylo to ohromující. Stále na to myslím, a tak jsem začala číst knihy a zjistila jsem, že jsem viděla „světelnou bytost" a prožila mimotělní zkušenost.

Kdykoli jsou lidské bytosti navštíveny anděly, říkají, že prožily ohromující pocit lásky a míru. Andělé k nám opravdu přicházejí, aby nám dali nový pocit jistoty a podnět pokračovat v naší cestě.

Často zjišťuji, že když se s lidmi dělím o své duchovní zážitky, reagují na to tím, že se dělí o své. Při jedné příležitosti jsem si jen tak povídala s jedním mladým mužem, který mi řekl, že když se rozešel se svojí přítelkyní, ocitl se ve stavu naprostého zoufalství. Bylo to, jako by bylo celé jeho srdce a jeho duše roztrhány na kusy a on nebyl schopen vidět žádnou budoucnost. Vše, co viděl, byla jen černá tma. Z této temné propasti se nemohl velmi dlouho vymanit.

Pak se díval jednou v noci smutně z okna na strom. Tento strom začal být pomalu světlejší a světlejší, až uviděl jen žhnoucí záři, uprostřed které byla tvář. Měl pocit míru a poprvé měl pocit, že je možné, aby zase žil. Od toho okamžiku začal zase tkát nitky svého života. Byl si jistý, že ta tvář byla tváří jeho strážného anděla.

Andělé vždy šíří mír a lásku.

KAPITOLA 4

Strážní andělé

Náš strážný anděl je s námi po celý život. Přichází k nám v okamžiku našeho narození. Nikdo nejde po své cestě na planetě Zemi sám. Kdybychom jenom věděli, kolik pomoci všude kolem nás v duchovním světě je, necítili bychom se tak zranitelní a osamoceni. Přítomnost této pomoci si začínáme uvědomovat často jen v období krizí.

Mary Millerová mi napsala příběh, který se stal jejímu synovi a který se týká jeho strážného anděla.

Můj příběh o andělech se datuje k roku 1980, kdy můj syn začal řídit auto. Jednou, když se nevrátil domů do půlnoci, jsem se začala strašně bát o jeho bezpečí. Pak mě můj vnitřní hlas začal pobízet, abych poprosila jeho strážného anděla o pomoc. Můj strach byl okamžitě vystřídán tvrdým spánkem.

Příští den u snídaně mi syn vyprávěl o podivném zážitku, který zažil na cestě domů. Asi míli od domova mu klesla hlava a usnul. Pak uslyšel zvláštní hlas, který volal jeho jméno – byl to zcela specifický hlas – „ne tvůj, mami, nebo otcův, ani kohokoli jiného, koho znám. Ale zcela jistě bych ten hlas poznal, kdybych jej znovu uslyšel."

Ani jeden jsme nezapochybovali o tom, že to byl hlas jeho strážného anděla. Není třeba říkat, že od té doby nedám na anděly dopustit. Kéž je taková Boží Pomoc stále při nás.

Zbožňuji příběh, o který se se mnou podělila Mary. Tento příběh ukazuje, jak jsme všichni silně navzájem spojeni. Kdyby každá matka, která se strachuje o své dítě, požádala strážného anděla svého dítěte, aby jej chránil – a pak by se uvolnila a důvěřovala by této ochraně, svět by se stal lehčím a bezpečnějším místem.

Většina rodičů si myslí, že se chovají správně, když se o své děti strachují. Ale není to pravda. Strach je těžká, hutná a negativní vibrace. Když ji nasměrujeme silou ke svým milovaným dětem, které jsou na nás psychicky napojeni, vystavujeme své dítě nemoci, nebezpečí a negativním vlivům. Černý, těžký strach a energie starostí může způsobit, že naše dítě onemocní.

Když ke svým dětem vysíláme lásku, léčivé a pozitivní myšlenky, obklopujeme je ochrannou silou plnou radosti. Jestliže k tomu navíc požádáme strážného anděla našeho dítěte, aby jeho či ji ochraňoval, otevře naše milující energie tomuto strážnému andělovi cestu, aby se mohl s dítětem blíže spojit.

Samozřejmě, že to můžeme udělat pro kohokoliv, ať už je to přítel nebo někdo cizí. Láska je energie, která otevírá srdce druhých, a my tuto milující energii směrujeme pomocí svých myšlenek. Když pošleme ryzí paprsky lásky lidem, andělské síly se s nimi mohou spojit a začnou se dít zázraky. A ještě mocnější je, když dáme andělům pokyn, aby pomáhali.

Naslouchejte své intuici a posílejte lásku lidem, kteří se ocitají v nouzi, v nebezpečí, kteří zažívají bolest nebo smutek. Když míjíte nemocnici, požádejte léčebné anděly, aby pomohli těm, co to potřebují. Vaše milující prosba umožní andělům přijít blíže a léčit mnohem efektivněji.

Andělé léčí také zvířata. Pokud víte o nějakém zvířeti, které je v tísni, požádejte anděla, aby mu pomohl. Urychlí to uzdravování takového zvířete.

Když budete přemýšlet o oblasti válečného konfliktu, nezaměřujte svoji pozornost na to špatné, co se tam odehrává. To podporuje temnotu. Místo toho si živě představujte, jak do této oblasti proniká světlo. Požádejte anděla, aby pomohl lidem, kteří tam žijí. Vaše modlitby se tak stanou pro anděly osvětlenou cestou, po které tam mohou vstoupit a pomoci.

Jestliže slyšíme, čteme nebo vidíme špatné zprávy v mediích, můžeme se na chvíli zastavit a poslat do takové oblasti světelnou energii. Pomůže to víc, než si uvědomujeme. Láska a světlo, které posíláme, může zabránit neštěstí, může pomoci ostatním, nebo je může i léčit. Každý z nás hraje na naší planetě nějakou důležitou roli. Můžete si myslet, že vaše troška nemůže nic změnit, ale když se to sečte s energií, kterou vysílají ostatní, vytvoří to obrovskou vlnu světla, která může pomoci učinit mohutné změny, jež léčí lidi a místa.

Zlo, nebo strašné pocity oddělenosti od Prapodstaty, jak já to nazývám, se světla bojí. Posíláním světelných vln do myslí „špatných" lidí a vůdců, kteří povyšují svoji osobní sílu nad duchovní růst lidí, kterým vládnou, se vymyje potřeba vlády a zneužívání, a je tak umožněno, aby se zase navrátila svoboda.

Když posíláme milující myšlenky ostatním, vytváříme tak světelné mosty, po kterých mohou kráčet andělé.

KAPITOLA 5

Andělé jsou vždy nablízku

Poté, co se přede mnou andělé zjevili, jsem byla velmi vzrušena myšlenkou na svůj cyklus přednášek o „léčebném a psychotronickém rozvoji“ a doufala jsem, že dokážu udržet svoji vibraci v dostatečně ustáleném stavu tak, aby ke mně mohli přijít blíž.

Můj duchovní vůdce mi řekl, že andělé pracují na zlatém paprsku a samozřejmě i já viděla tyto léčebné anděly jako bělavou zlatou barvu. Měli barvu jako andělská bytost, která ke mně přišla v okamžiku mého zoufalství a která byla asi sedm stop vysoká.

Můj duchovní vůdce mi řekl: „Zlatá je barvou moudrosti a zcela bezpodmínečné lásky. Když léčíš pomocí těchto andělů, je to zlatá energie.

Andělská energie v sobě obsahuje sluneční teplo, a když je ve vaší blízkosti anděl, nikdy nebudete pociťovat chlad.“

K tomu ještě dodal, že andělé jsou nám stále na blízku, a když pracujeme s andělskou energií, identifikujeme se s bytostí, která se právě v takové blízkosti nachází.

Tak jsme během kurzu seděli tiše a představovali si, jak zaplňujeme místnost zlatým světlem, až se nakonec ocitáme v ustáleném zlatém prostoru.

Než hodina začala, bylo mi řečeno, abych každého požádala, aby se svýma rukama dotkl své vlastní aury. Poté jsme byli přichystáni pozvat anděly, aby se naší aury dotkli oni. To nám dá možnost cítit milující energii andělských bytostí, které čekají na to, aby nám všem pomohli.

Takže jsem všechny požádala, aby se snažili ucítit svýma rukama svoji auru a poté ji pohladit. Všichni to můžeme dokázat tak, že postupně přibližujeme své ruce blíž a blíž k svému tělu, dokud neucítíme lehký odpor nebo jemné chvění okraje své aury. Je to praktický způsob, jak vyrovnávat jakékoli díry nebo nerovná místa, které se v naší auře mohou vyskytnout, a být tak více chráněni. Většina lidí to zažívá jako chladivé uklidnění.

Naše aura je naším ochranným elektromagnetickým polem. Je tvořena našimi myšlenkami. Plané myšlenky znamenají, že máme slabou auru, která nás nechrání před činy nebo myšlenkami ostatních. Silné, pozitivní a milující myšlenky zajišťují pevnou ochrannou auru. Negativní myšlenky vytvářejí v našich aurách díry, a když jsme ve stavu šoku, naše aura často zcela mizí a my jsme velmi zranitelní vůči vnějším silám.

Většina z nás už viděla obrázky svatých, guru a posvěcených lidí, kteří mají okolo své hlavy nádhernou zlatou svatozář nebo zlatou auru okolo svých těl. Jsou to barvy jejich ryzích a duchovních myšlenek, jak je spatřili ti, kdož byli schopni aury vidět.

Skoro všichni jsme viděli okolo místnosti, kde se kurz konal, prstenec andělů, kteří byli přitaženi naší výzvou a čekali, až budou moci pomáhat. Každá osoba ve třídě vyzvala nějakého anděla, aby se přiblížil a pohladil její auru. Ukázalo se, že je to zcela odlišné od zklidňování své vlastní aury. Byl to velmi silný pocit a několik lidí propuklo v pláč.

Jedna z účastnic kurzu nám vyprávěla o tom, co se jí stalo. Trpěla ochromující bolestí hlavy, která trvala celý den, a ona si zoufale přála, aby k ní přišel anděl. Myslela si, že by jí mohl od těch strašných bolestí pomoci, ale nikdo se neobjevil. Místo toho si okolo ní pohrával maličký cherubín. Usmíval se a byl plný rozšafného veselí, ale stále jen kroužil sem a tam nad její hlavou.

Stále mu říkala: „Pohlaď moji auru", ale on se jen usmíval a pohrával si nad její hlavou. Čím se cítila být víc frustrovaná, tím víc se cherubínek usmíval a lehce se nad ní vznášel. Nicméně, když mávl křídly a nakonec zmizel, po bolesti hlavy nezbyla ani stopa!

Na tomto kurzu bylo přítomno několik zkušených léčitelů. Požádala jsem je, aby se oprostili od veškeré předpojatosti, vyprázdnili svoji mysl a položili své ruce na auru osoby, se kterou právě pracovali, a nechali skrze sebe pracovat anděly. Většina z nich byla ohromena. Skutečně cítili, jak jimi protéká mocná síla andělů.

Téměř to samé se děje tehdy, když se otevřeme a staneme se přijímacím kanálem pro spirituální léčení. Čím jsme jako takový přijímací kanál průzračnější, tím námi proudí více božské léčivé energie. Nicméně léčení pomocí andělů vyvolává zcela jiný pocit. Ve skutečnosti se dá říci, že je tento pocit „zlatý".

Jeden z účastníků mi následně napsal tento dopis.

Když jste nás na vašem léčebném kurzu seznámila s anděly, mohl jsem skutečně cítit velmi jasnou a mocnou energii. Zvlášť nádherný pocit jsem prožíval při tom, když jsem se, spolu s mladou ženou, kterou jsem léčil, odebral pro léčebnou energii s těmito anděly k božské Prapodstatě. Od té doby žádám anděly, aby mě navštěvovali každý den. I když je nevidím, vždy pociťuji jejich teplou, milující přítomnost a dokázali, že jsem překonal i velmi těžké časy! Požádal jsem je, aby přišli, až budu na vašem setkání, a oni opravdu přišli a já cítím, že předvedli skutečně nejzázračnější léčení!

Andělé léčí jasem.

KAPITOLA 6

Léčebná síla odpuštění

Poprvé jsem se setkala s Lynfou Daviesovou na jednom ze svých kurzů „Léčení pomocí andělů". Hned jsem si jí všimla, protože okolo sebe šířila pocit tepla a radosti.

V průběhu tohoto kurzu se s námi podělila o svůj příběh. Když jí bylo třináct, byla znásilněna. Manželství se jí rozpadlo. A stejně tak i následující velmi problematický vztah. Utrpení, spojené s těmito vzpomínkami, bylo natolik intenzivní, že návštěva poradny nebo podobných terapií jí naháněla strach.

Pochopila, že má možnost volby. Může buď nadále žít se svým utrpením a bolestí, nebo může najít způsob, jak se toho zbavit a následně odpustit, aby tak mohla znovu začít normálně žít.

Zvolila metodu „znovuzrození", protože to není postaveno tolik na inteligenci a myšlení jako jiné terapie, a rozhodla se, že je tím možné vyléčit naprosto cokoli – ať je to jak chce bolestné. S tímto odhodláním začala na sobě spolu se svým léčitelem pracovat. Uvádím zde příběh toho, co následně zažila.

Po tomto rozhodnutí jsem začala trpět něčím, co jsem pokládala za poruchu trávení – byla to skutečně značná bolest kolem srdce. Během dalšího sezení, když jsem dýchala jako obyčejně, jsem náhle uslyšela a ucítila přímo nad svojí hlavou šustot křídel. Všechno se zcela uklidnilo a svým vnitřním zrakem jsem okolo sebe uviděla obrovská bílá křídl-

la. Cítila jsem se jimi být zcela pohlcena a naprosto v bezpečí. A pak jsem uviděla tvář nějakého muže, který na mě dolů shlížel. Vypadal spíš jako anděl z filmu Wima Wendera „Wings of Desire" – ohromný, silný a velmi, velmi něžný.

Řekl mi, že mé srdce je zlomené. Řekl, že to trvá už velmi dlouho a že ke mně přišel proto, aby jej dal zase dohromady. Cítila jsem ve svém srdci i okolo něj velmi teplý pocit – obrovskou energii a také pocit míru a jistotu, že je vše v pořádku a že jsem v bezpečí. Ke konci sezení byla bolest pryč a já mohu nyní o svém znásilnění hovořit mnohem lehčeji a bez pocitu bolesti.

Jsem poměrně dost přízemní člověk – ale od tohoto sezení využívám andělské obrázky a cítím se být ochraňována a opečovávána, což je pro mě naprosto nový pocit.

Když dáme najevo svá odhodlání a otevřeme se všem novým možnostem, začnou se dít zázraky. Annie Rossiterová se svěřila se svojí historkou, která se odehrála po jednom kurzu.

Diano, byla jsem na jednom z vašich kurzů. Otec mě jako dítě znásilnil a já jsem se snažila pochopit, proč jsem si vybrala zrovna tyto rodiče. Během kurzu jsem zjistila, kolik mám v sobě zloby, která je nasměrována k mým rodičům.

Vy jste mi pomohla se jí zbavit. To samo o sobě byl dosti ohromující zážitek. Vrátila jsem se domů a cítila jsem se být otřesena v samých základech, ale ne nepříjemným způsobem. Prostě jsem jen potřebovala meditovat a být v tichu a klidu. Tím, že jsem ze sebe nechala odejít všechnu zlobu, jsem se cítila být prázdná. Ačkoli jste mě uvedla do stavu, kdy jsem do sebe dýchala lásku, chtěla jsem víc. Potřebovala jsem lásku, abych zaplnila prázdnotu v místech, kde předtím byla zloba.

Lehla jsem si na postel a vnitřně jsem se ztišila. Uslyšela jsem velmi jemný zvuk, podobající se šumění perutí. Pak jsem ve své mysli uviděla bílé anděly s nádhernými bílými křídly a zažívala jsem obrovský pocit lásky, která mě naplňovala.

Tato událost na mě měla skutečně hluboký vliv. Už v sobě nepociťuji vůbec žádnou zlobu. Před tím jsem za svůj život vinila svého otce. Nyní je to pryč.

Andělé mohou naše srdce naplnit láskou.

Kapitola 7

Andělé a děti

Děti, předtím než se jejich paměť zcela uzavře, díky působení těžké vibrace planety Země, často s duchovním světem komunikují a mohou si opakovaně vybavit své minulé životy. Jedna maminka mi vyprávěla, co jí jednou řekl její tříletý syn: „Víš ty co, mami, je to legrační mít tyhle nohy. Předtím byly hnědé."

Velké množství dětí, zvláště pak těch, které nemají žádné sourozence, nebo jsou osamělé, si hrají s neviditelnými kamarády. Tito kamarádi, kteří jsou pro dospělé oko neviditelní, jsou pro tyto maličké, kteří mají stále ještě oči vidící duchovní království, naprosto reální a viditelní.

Takové děti jsou též otevřeny tomu, aby viděly skřítky a anděly. U dítěte je pravá polovina mozku pro takové zážitky přirozeně otevřena. Když se naše pravá polovina mozku zcela vyvine, máme silnější intuici, psychiku i představivost. Je to ta strana mozku, která ovládá léčení, možnost být médiem, dále tvůrčí a uměleckou činnost. Nicméně v naší kultuře inklinujeme k logickému myšlení a dokonale oznámkované školní práci s důrazem na soutěživost a úspěch. Když naše děti ve věku pěti let vstoupí do vzdělávacího systému tohoto druhu, jejich přirozená intuice, tvořivost a představivost se nevyhnutelně uzavřou. Většina dětí v období mezi pátým a desátým rokem přestává být v kontaktu s duchovními dětmi, skřítky a anděly.

Až budeme ctít rovnocennost rozvoje pravé a levé poloviny mozku, dojde k transformaci celé naší planety Země. Pak tu budou existovat lidé na vyšší duchovní úrovni, kteří budou mít přístup k mnohem většímu potenciálu a budou žít na vyšší úrovni uvědomění.

Jeanne Sladeová mi vyprávěla svůj příběh rozkošným zpěvným velšským akcentem. Jako většina Keltů i ona je přirozeným médiem a byla jím, kam až sahá její paměť. Narodila se jako nejstarší ze čtyř dětí a vyrůstala ve starém stavení v samém srdci Walesu. Číslo tohoto domu bylo 33. Každé domovní číslo má svojí vibraci. Řekla mi, že číslo 11 je obzvlášť dobré pro rozvoj intuice, jasnovidnosti a duchovních schopností. Dům s číslem 22 má vibraci bezbřehého potenciálu a život v domě s číslem 33 znamená, že je vše možné!

Jako dítě, které bylo stále zasněné a citlivé na parapsychologické jevy, viděla a hovořila s anděly. Její matka pro to postrádala jakékoli pochopení a často jí posílala do jejího pokoje, kde Jeanne trávila většinu času o samotě. Když hovořila o andělech se svojí babičkou, řekla jí tato stará žena, aby si nevymýšlela! Když jí říkali, že její realita je smyšlenka, bylo to pro ni značně matoucí. Nicméně stále pociťovala pomoc, kterou jí poskytovala přítomnost jejího strážného anděla.

Když jí potom bylo sedm let, bylo toto tiché a senzitivní dítě zneužito svým učitelem ve škole. Dětským uvažováním si myslela, že to nějakým způsobem musí být její vina. Že se určitě chová nějak špatně, když se jí taková věc stala, a nikomu o tom neřekla. Od té doby svého strážného anděla už neviděla. Vinou traumatu ztráty své nevinnosti a své duchovní podpory potlačila vzpomínky, týkající se zneužití a andělů.

V dospělosti se jí během terapie všechny vzpomínky na zneužití vrátily. Konečně učinila konec svému utrpení a to jedinou možnou cestou – odpustila svému pachateli. V okamžiku odpuštění vykřikla: „Ach, vidím zase svého anděla.“ Uvědomila si, že protože si jako dítě myslela, že se zachovala špatně a že znásilnění byla její vina, získala v sobě pocit, že si svého strážného anděla nezaslouží. Kvůli tomuto přesvědčení už ho pak nemohla vidět.

Jeannina dcera, která se zabývá jasnovidectvím, byla schopna komunikovat s Jeanninou babičkou, která zemřela. Tato babička jí řekla, že seslala Jeanně duchovního vůdce, aby jí pomohl s jejími potlačenými vzpomínkami, protože cítila, že se v jejím dětství velmi provinila.

Ukázalo se, že Jeannina babička byla také médium. Když říkala Jeanně, která byla ještě dítě, aby si o andělech nevymýšlela nesmysly, ve skutečnosti sama anděly viděla.

Pravděpodobně si její babička, když byla ještě na živu, myslela, že když popře existenci andělů, pomůže tak dítěti v tom, aby bylo „normálnější a pro druhé přijatelnější“. Z vyšší perspektivy duchovního světa pochopila, jakou škodu napáchala, a snažila se to napravit.

Nyní, ačkoli Jeanna anděly neviděla, pociťovala a zažívala obrovskou lásku, vycházející z jejich přítomnosti.

Takové příběhy z dětství mi velmi často připomenou pohádku „Císařovy nové šaty“. V tomto příběhu rozhlásili dva podvodníci u dvora, že umí upříst kouzelné šaty. Jestliže je kupující čestný a hoden svého postavení, bude schopen tu nádhernou látku spatřit, ale jestliže je kupující hloupý a nepoctivý, bude pro něj látka neviditelná. Nikdo nechtěl připustit, že ty nákladné šaty nevidí. Sám císař předstíral, že své nové šaty vidí, protože si myslel, že kdyby připustil, že je nevidí, každý by poznal, jak je hloupý a nečestný. Tak vyšel ven do města bez šatů a všichni předstírali, jak jeho nové šaty obdivují, pro případ, že by mohli být považováni za hlupáky a nečestné lidi. Jen dítě vykřiklo: „Císař nemá nic na sobě.“

Dítě ve své nevinnosti vysloví pravdu tam, kde většina dospělých ze strachu ze zesměšnění popře, že vidí anděla.

Kapitola 8

Andělé míru

Nikdy jsem neslyšela dokonce ani o andělech míru, ale když jsem je uviděla, věděla jsem okamžitě, že to jsou oni. Byli větší než andělé, kteří léčí, a měli odlišnou barvu. Tyto nádherné zářivé bytosti byly šlehačkově bílé a načechrané s velkými jemnými křídly. Jinak je nedokážu popsat. Vyzařovaly teplo a pocit lehkosti a neuvěřitelného klidu.

O pár dní později, poté, co jsem si existenci těchto andělů poprvé uvědomila, jsem pořádala kurz o vnitřním míru. Pravděpodobně to byl důvod, proč se mi ukázali. Jeden z účastníků, okouzlující a velmi milý muž pracující ve městě, přišel na tento kurz o vnitřním míru, aby se zbavil stresu. Bylo mně hned jasné, že nemá o duchovním světě ani potuchy. Během jednoho cvičení jsem si začala uvědomovat, že za ním stojí jeden z andělů míru a objímá svými křídly jeho solar plexus. Na okamžik jsem zaváhala, zda mu to mám říci, nebo ne. Samozřejmě jsem ho nechtěla vyděsit. Na druhé straně jsem nechtěla propást příležitost, která by pro něj mohla být velmi důležitá. Tak jsem mu řekla, že ho anděl míru objímá svými křídly, a jestli se chce zaklonit a opřít se o něj, že ho bude držet. Bez váhání tak učinil a následně mi řekl, že to byl báječný a příjemný zážitek. Cítil se tím být nadšený a inspirovaný.

Skutečně doufám, že si s sebou odnesl mír v duši.

O pár měsíců později jsem se opět chystala učit na víkendovém kurzu, týkajícím se vnitřního míru. Byla jsem v místním bazénu a jak jsem tak plavala a přemýšlela jsem o kurzu, moje mysl se pravděpodobně musela zcela zklidnit a být otevřená, neboť náhle řekl nějaký hlas:

„Chceme, abys předala důležité poselství těm, které jsme tento víkend svedli dohromady. *Mír musí být rozšířen a toho může být docíleno pouze v duších jednotlivců, kteří jsou připraveni vzdát se svého souboje s druhými lidmi. Mír znamená naprosté odevzdání se pocitu soudržnosti bez dokazování, že já jsem lepší než někdo jiný.*“

„Přesvědči každého, aby si ve svém domě vytvořil koutek míru. Nemusí to znamenat zapálení svíček, krystaly nebo rituály. Je tím zamýšlen prostor, ve kterém máte jen míruplné myšlenky. Tento prostor může tvořit třeba jen židle, ale v okamžiku, kdy si takové místo vyberete, nikdy tam nevstupujte, dokud se vaše mysl neuklidní a neurovná. Takové malé zákoutí je jako semínko míru. Bude klíčit a růst a měnit se ze slabého stonku, až se z něj stane rozlehlý ochranitelský dub, který zaplní a ochrání váš domov.

Začněte tím, že zasadíte do svého domova jedno semínko míru. Pak zasazujte pomalu další a další i do jiných míst. S ostatními stejně smýšlejícími lidmi vybírejte další rozličná místa. Může to být telefonní budka ve vaší ulici nebo nějaké zákoutí ve městě, kde bydlíte. Když každý z vás vstoupí do takového malého prostoru pouze s poklidnými myšlenkami pokaždé, když se ocitne v jeho blízkosti, pak i když to bude trvat jen chviličku, pěstuje a rozvíjí místo plné míru.

Ne všechny, ale velká většina stromů představují pevnou půdu pro mír na planetě Zemi. Pokud se cítíte být vyrovnaní a klidní a míjíte nějaký takový strom, zastavte se, vydechněte tento vnitřní mír do stromu a nadechněte mír z tohoto stromu zase zpět. Pomůže to posílit mírová místa na zemi a vám to pomůže stát se oporou míru – někým, kdo může mír šířit.“

Spirituálním zákonem je, že to, na co se soustředíme, nabývá na rozměrech. Anděl míru mi předal toto poselství:

Soustřeď se na mír a strach se rozplyne.
Soustřeď se na lásku a nenávist zmizí.
Soustřeď se na radost a zármutek se vypaří.
Pěstuj květiny a plevel nezapustí kořeny.

KAPITOLA 9

Duchovní olej

Jedno z poselství andělských poslů míru znělo: „*Nemůžeš být v míru, jestliže současně někoho necháváš, aby měl nad tebou moc. Pokud má někdo vliv na tvé myšlenky a pocity – a to až do té míry, že tě ovlivní, nejsi v míru.*“

Když máme kolem sebe pevnou a neporušenou auru, jsme díky ní chráněni a nikdo na nás nemůže mít žádný vliv. Pokud je naše aura díky našim negativním myšlenkám kdekoli poškozená, jsme zranitelní a je pak velmi složité cítit se v klidu a míru. Aura získává na síle díky našim vlastním mocným a pozitivním myšlenkám. Taková aura je nepropustná. Potom se cítíme v bezpečí.

Andělé mohou přijít a naši auru pohladit, pokud je o to požádáme. To okamžitě naši auru posílí a napomůže to naší ochraně.

Znovu a znovu mi říkají, že jen čekají na to, aby mohli pomoci, ale že je o to musíme požádat. Můžeme je dokonce požádat, aby pomohli jiným, a oni to s radostí udělají. Odpovídají na naši energii. Když jedete v autě a slyšíte sirénu sanitky, požádejte anděly o speciální pomoc osobě, která je v nesnázích. Nikdy nevíte, jakou pozitivní sílu dáte do pohybu.

Míroví andělé mě upozornili na současného klienta, kterého budu nazývat George, a k tomu přidali vzkaz, abych nezapomněla, že jsou vždy připraveni pomáhat, pokud je vybídneme.

George byl velmi milý muž duchovního založení a s dobrými úmysly, ale nacházel se v naprostém vnitřním zmatku. Cítil se být bezmocný a byl plný pocitů zloby a záště. Negativní emoce vytvářejí v našich aurách díry, a protože jeho aura byla plná takových děr, neměl žádnou energii a začal být psychicky nemocen. Hledal příčinu tohoto problému.

Řekl mi, že v minulém životě byl mučen a zradil své lidi. Když jsem s ním začala pracovat, zavřela jsem oči a okamžitě jsem před sebou uviděla obrázek, kde byl on spolu se stovkami provazů, které vypadaly jako hadice a byly k němu připevněny.

Když jsem sledovala jeden z těchto provazů, uviděla jsem na jeho druhém konci dav lidí zahalených v šeru. Temná energie představovala strach a zlobu těchto lidí, jež zradil. Každý z nich stále držel provaz, kterým byl připoutaný. Dokonce i nyní protékal tímto provazem jejich strach a zloba jako špinavý kal hadicí.

Samozřejmě pokud by byla aura Georga pevná a neporušená, nemohly by tyto provazy proniknout do jeho prostoru. Ale jeho vina a zloba jim dovolily vstoupit. Ať už byli tito lidé znovu narození nebo ne, toto spojení bylo stále aktivní. Aktivní byly také provazce plné zloby, které ho spoutávaly s jeho nepřáteli.

Protože všechny tyto nezdravé provazy narušovaly jeho auru, nemohlo se mu nikdy podařit, aby byla silná a vyrovnaná, takže byl velmi citlivý na negativní vlivy.

Anděl mi řekl: „Jak dobře víš, jen jsme čekali a přáli jsme si pomoci. Po celý předcházející týden chodil na tvé seance a pociťoval, že jsou pro něj velmi významné, jen nevěděl proč. Bylo to proto, že jsi nás – anděly světla – žádala o pomoc.

Když jsi poprvé požádala o milost, dala jsi do pohybu mocná kola – a léčebný duchovní olej. My andělé máme obrovskou radost, když nás někdo vyzve – jak jsi sama viděla. Během toho, co jsi zadržovala negativní energii, my jsme mohli uvolnit všechny ty provazy a vyvést duše do světla.“

Když se někomu chýlí jeho čas ke konci, andělé mu pomohou přejít na další stupeň jeho cesty. Naše modlitby mají ohromnou moc. Existují duše, které uvíznou v tomto světě. Je to způsobeno buď tím, že jsou příliš připoutány k tomuto materiálnímu světu, nebo jsou svázány negativními emocemi, jako jsou chtíč, nenasytnost nebo zloba. Také těmto duším andělé pomáhají přejít z jedné úrovně bytí na druhou, ale velmi často k tomu potřebují i naši energii. Obecné, ale i zcela specifické modlitby, které slouží tomu, aby takovým duším pomohly, mají ve vesmíru velkou hodnotu.

Andělé tím, že osvobodili duše, které byli ke Georgeovi připoutány, dovolili Georgeovi stát se silnějším, zdravějším a šťastnějším.

Většina z nás si neustále stěžuje na to, co nemá, nebo co nechce. Duchovní zákon říká: „Kam směřují myšlenky, tam proudí energie." Takže když si stěžujeme a reptáme, získáváme spíše to, co právě nechceme. Když se zaměříme na to, co skutečně chceme, pak toho přibývá.

Když stále děkujeme za to, co opravdu máme, těchto správných věcí přibývá neuvěřitelnou měrou. Jestliže děti za něco děkují s pocitem lhostejnosti, nebo jen automaticky, nebo chtějí stále víc, jejich rodiče nemají chuť něco dávat. Ale jestliže děti září radostí a děkují od srdce, rodiče mají touhu jim dávat stále více a více.

Vesmírná energie je stejná. Tím, že děkujeme od srdce za všechny dobré věci, které se objevují v našem životě, za dobré vlastnosti, kterými oplýváme, za dary a talenty, které nám byly poskytnuty, umožňujeme andělům, aby nám přinášeli stále více a více. Říkalo se tomu poděkování za svá požehnání.

Tím, že děkujeme, se čistí a projasňuje naše aura.
Je to jen jiný druh duchovního oleje,
a do našich životů je tak přitahována hojnost.

KAPITOLA 10

Andělé obřadů a rituálů

Kdekoli dojde k uzavření nějaké smlouvy nebo zavázání se přísahou, kdekoli je podepsán nějaký svazek, je vždy nablízku alespoň jeden anděl.

Když je cokoli oslavováno s pompézností a obřadem, jsou tam přítomny doslova houfy andělů. Pomáhají posílit sílu takové události. Pomáhají udržovat právoplatnost takového svazku.

Při vzájemné přísaze je daná smlouva zapsána do zápisu a určitý anděl tam dochází, aby na daný projekt dohlížel. Například v případě manželství bude určitý anděl s danou dvojicí stále pobývat a stane se tichým hlasem svědomí a moudrým vůdcem, který se bude snažit, aby se taková dvojice nerozloučila. Nicméně, vždy máme svobodnou volbu. Pokud je sňatek uzavřen z důvodů výhodnosti, nebo pokud se ani jedna strana skutečně nezavázala být s tím druhým, takové manželství není považováno duchovním světem za opravdové manželství a žádný anděl mu nebude přidělen. Stejně tak i odhodlání k přísaze hraje velmi podstatnou roli.

Při svatebním obřadu je přítomno mnoho andělů, kteří zpívají, radují se a naplňují svatebčany láskou a božským veselím. Samozřejmě existují svatby, kde jsou lidé, kteří se jich účastní, natolik plni úzkosti a nevyrovnaní, že se jich žádná andělská energie nedotkne. Nicméně andělští hosté, jež jsou na obřadu přítomni, čekají na to, aby mohli pozvednout vibrace jednotlivých rodin, pokud jim to bude dovoleno.

Kdybychom se jen my, lidské bytosti, dokázali více otevřít jejich přítomnosti, jak by byl potom život světlejší a radostnější. Stav, kdy žijeme v lásce, je stavem plným jasu. Tudíž když jsme zamilovaní, jsme otevřeni vlivu nebeských pomocníků, a to ať už je můžeme či nemůžeme vidět nebo pociťovat. To naplňuje milence nádherným pocitem radosti a euforie. S andělskou pomocí vidíme v druhých jen to nejlepší.

Když naše vztahy ztěžknou, uzavřeme se a už nejsme otevřeni přijímat pomoc svých andělů, kteří stále trpělivě čekají. Všude kolem nás je tolik „čekající pomoci", která je nám přístupná, jen kdybychom o ni požádali a otevřeli se jí.

Při křtu jsou vždy přítomni andělé. Opět jsou plní veselí a radosti na oslavě, která následuje. Vnášejí do takové události radost a energii dítěti, která mu má pomáhat na jeho cestě životem.

Jakékoli mezníky na naší pouti na Zemi jsou anděly oslavovány. Přicházejí na naše narozeninové oslavy, různá výročí, promoce, různá rodinná setkání, oslavy nového zaměstnání nebo povýšení. Jsou přítomni též o vánočních nebo velikonočních svátcích. Zbožňují večírky, tím ovšem nemyslím nějaké alkoholické orgie, ale ryzí oslavy, kde se lidé scházejí, aby se dobře bavili a vyslovili své díky.

Když uspořádáme oslavy, týkající se rozchodu nebo rozvodu, andělé se toho též zúčastní a přidají své požehnání a energii na naši novou životní cestu. Díky tomu bude náš život plynout mnohem snadněji.

Je nádherné, když své narozeniny naplňujeme radostí a úctou. Nebeské bytosti nás při našich narozeninových oslavách podarují pomocí, která nás bude provázet po celý rok. Koneckonců nám byla nabídnuta zcela speciální možnost přijít na tuto Zemi jako lidská bytost a toto je výročí našeho příchodu. Duše stojí frontu na to, aby mohly vstoupit do lidského těla a žít na planetě Zemi, protože možnosti duchovního růstu jsou zde skutečně obrovské. Každý den je nám nabízena neuvěřitelná možnost, jak rozšířit své vědomí. V celém vesmíru neexistuje jiné takové místo, kde by duše mohly tak rychle růst. Když toto pochopíme a budeme si toho vážit, s potěšením a radostí přivítáme každý nový okamžik. Každé ráno otevřeme oči s novým očekáváním a zvědavostí. Jak mohu dnes opět vnitřně vyrůst? Co se dnes mohu naučit? Jaké výzvy dnes zvládnu? Jaké obavy mohu přemoci? Děkuji za tuto možnost.

V dávných dobách byly oslavovány všechny obřady různých významných okamžiků, dokonce i příchod jara nebo nadcházející doba dešťů. I zasetí semínek a sklizeň úrody si zasloužily oslavu. Vycházející slunce bylo vítáno pozdravem.

V našem domě jsme zavedli meditační večery za úplňku a andělé jsou při nich přítomni, aby pozvedli a nasměrovali energii. Milují posvátnou energii rituálů.

Andělé se také samozřejmě nacházejí a veselí se i při pohřbech. Pro ty, kteří mají oči, co vidí, představuje odložení fyzického těla, které je nutné k tomu, abychom mohli projít dveřmi a vstoupit do Světla, čas k radosti. Andělé směrují naše modlitby, aby co nejlépe pomohly osobě, která „odchází", a zpívají, aby tak podpořili duši zesnulého na jeho pouti.

*Andělé obřadů a rituálů
jsou přítomni na všech oslavách různých
významných okamžiků.*

KAPITOLA 11

Andělé vnášejí světlo do temnoty

Zdálo se, že Gerard má ve svém životě vše, pro co se dá prožít. Příjemnou a milující přítelkyni, dítě, které zbožňuje, a pár dobrých přátel. Měl ale také temné vzpomínky. Jednoho dne se pokusil o sebevraždu. Jeho rodina byla otřesena a přemluvila ho, aby vyhledal pomoc.

Skutečně přišel na jedno sezení, které mu pomohlo cítit se dobře na šest týdnů. Pak se stalo něco, co opět rozjitřilo jeho staré vzpomínky z dětství. Znovu upadl do deprese a paniky a přišel na druhou schůzku.

Tentokrát jsem mohla skutečně silně cítit přítomnost andělů, proto jsem se rozhodla mu o nich povědět. Poté jsem ho vrátila zpět do dětství a tentokrát jsme pozvali anděly, aby nám byli s léčením nápomocní.

Najednou ho obklopil prstenec andělů a vpouštěli do něj ryzí bílé světlo. Bylo ohromující to sledovat. Rozpustili pocit ublížení a bolest toho malého zneužitého dítěte, které v sobě stále nosil. Při tom, kdy zažíval jejich lásku a soucit, začal vzlykat. Když přestal, tak řekl, že se cítí naprosto báječně.

Při jiné příležitosti jsem zavedla jednoho mladého muže zpět do jeho dětství. Zcela spontánně sklouzl do minulého života, kde byl ženou a byl znásilněn. I když se nyní narodil jako muž, stále si v sobě tyto vzpomínky a pocity uchovával.

Pracovali jsme na temných pocitech zlosti a studu, které byly v minulém životě potlačeny a jež bylo nutno uvolnit. Objevil se kroužek andělů, kteří se nad ním začali vznášet. Poradila jsem mu, aby je požádal o léčebnou pomoc. Velmi jemně jej uchopili a on cítil, jak ho nesou stále výš a výš k vyššímu království, dokud nevyléčili jeho pocit ublížení.

Věděla jsem, že se tento muž ocitá v krizové situaci ohledně peněz a že už několik let hledá léčebnou pomoc. Když na konci tohoto sezení platil, řekl: „Zaplatil bych cokoli za to, že jsem se ocitl v nebi.“

Laskavost andělů je něco, o čem se často hovoří. Jeden obchodník trpěl hroznou obavou z týrání. Často navštěvoval země, které byly známé týráním, a vždy se cítil být ve strašném nebezpečí.

Vrátila jsem ho zpět do minulého života, kde byl uvězněn a spoután těžkými řetězy a na následky tohoto mučení zemřel. V okamžiku, kdy to znovu prožíval, se před ním objevil anděl a zbavil jeho tělo řetězů. Toto nádherné soucitné stvoření vyléčilo jeho zmučené tělo a odneslo je pryč *klidně a velmi jemně.* (Toto jsou jeho slova.) Jemnost této bytosti na něj mocně zapůsobila.

Andělé, kteří léčí, jsou soucitní a jemní.

KAPITOLA 12

Andělé léčí naše srdce

Andělé nám touží pomoci a jsou na to připraveni. Jsou k naší planetě přitahováni v houfech a čekají na to, až je někdo povolá. To jediné, co jim stojí v cestě, aby mohli pomáhat, je, že jim nejsme otevřeni. Mají radost, když nám mohou pomoci s našimi vztahy.

Anna byla ve svém životě velmi nerozhodná. Nevěděla, co si má počít se svým vztahem. Její přítel trpěl depresemi a jejich vztah byl v troskách.

K mému potěšení přišli do místnosti andělé a dali mi najevo, že si s ní přejí pracovat.

Pozorovala jsem, jak položili dva andělé své ruce do jejího srdce, a naplnili a vyhladili několik trhlinek léčebným světlem. Když s ní pracovali, byla zcela uvolněná. Pak se přesunuli k jejímu solárnímu plexu. Viděla jsem, jak odtud vytáhli šedivý chuchvalec. Anna mi řekla, že vytáhli prach. Vypadal jako ztuhlý prach v pytli z nádoby na odpadky. Když andělé vytáhli všechny šedivé chuchvalce a vystavili je světelné energii, naplnili její solární plexus laskavým zlatým světlem, které tam upevnili.

Poté mi bylo zjeveno, že je přenesena na vrchol kopce, odkud může pohlédnout dolů na svůj život. Z tohoto místa viděla, že má její energie hnědou barvu jako rez a že je její přítel k ní připoután nezdravě zelenými provazy. Tyto provazy šly až do jejího krku a dusily jí.

Požádaly jsme anděly, aby vstoupili dovnitř a tyto provazy rozpustili pomocí světla, což se také stalo, a oni poslali světlo přímo ke kořenům těchto provazů, tak, aby bylo rozpuštěno naprosto vše. Pociťovala přitom zvláštní pocit.

Když byly provazy pryč, řekla, že se cítí divně, jako by v jejím těle nezbyla žádná energie v místech, kde byly předtím tyto provazy. Všichni odněkud bereme svoji energii. Ona měla ve zvyku napojit se na svého přítele nebo jiné lidi, když potřebovala energetickou podporu. Nyní jsem jí poradila, aby se místo naplňování energií svého přítele, jak to dělávala dříve, napojila na čekající anděly.

Když do ní vstoupila ta ryzí a čistá energie, pochopila, že nikdy neměla vztah, ve kterém by stála na svých vlastních nohou. Vždy byla na tom druhém závislá a spoléhala na něj. Řekla tichým hláskem: „Když nejsem zranitelná, nebude mi dána láska."

Když jsem ji požádala, aby pocítila tu obrovskou kvalitu lásky, kterou by dostala, kdyby už nebyla nadále zranitelnou a potřebnou, zjistila, že by přijímala mnohem zdravější lásku a úctu.

Představila si živě, jak by vypadal její život, kdyby si podržela a posílila pocity celistvosti, které nyní měla, a poprvé vůbec tak pocítila smysl svého života. Cítila se být silná, velká a sebevědomá.

Andělé pohladili její auru, aby tyto pocity podrželi v jejím prostoru, aby tak měla možnost uspořádat si tyto nové hodnoty. Když otevřela oči, měla pocit, že je schopna ve svém životě pokračovat na mnohem silnějším základě.

O měsíc později ke mně opět přišla a řekla, že od té doby, co s ní andělé pracovali, pociťuje okolo svého solárního plexu teplý zlatý pocit vnitřní jistoty.

Vyprávěla mi, že vždycky žárlila na přátele svého partnera, dokonce i na muže, a kdyby s nimi šel ven, udělala by hrozný výstup. Poté, co andělé uložili do jejího solárního plexu pocit síly a jistoty, změnily se dramaticky i tyto její pocity. Pár dní po léčení andělů zatelefonovala bývalá přítelkyně jejího partnera a řekla, že se jí stýská a chtěla by se s ním sejít. Anna mu naprosto uvolněně a bez obav podala sluchátko a řekla: „Vezmi si to do kuchyně, kde si můžeš v soukromí popovídat."

Zatímco si povídal se svojí bývalou přítelkyní, necítila žádný strach. A její nové sebevědomí bylo odměněno. Když se vrátil zpět do pokoje, sdělil: „Řekl jsem jí, že už mám vážný vztah a nechci se s ní vidět."

KAPITOLA 13

Andělé jsou všude

Na konci jednoho sezení jsem požádala účastníky, aby měli po celý následující týden oči otevřené a všímali si, kde mohou anděly zahlédnout. Byla jsem velmi překvapená odezvou. Ukázalo se, že jakmile jsme si jich vědomi a jsme pro ně přístupní, andělé se zjevují ve všech možných momentech. To nutně nemusí znamenat, že to jsou nadpozemské bytosti plující po obloze!

Jedna žena se cítila být velmi sklíčená. Kráčela ulicí, po které šla už nejmíň milionkrát a vzhlédla úplně náhodou vzhůru. Nad ní byl kamenný anděl, který k ní shlížel dolů a kolem kterého se rozlévalo sluneční světlo. Nikdy předtím si jej nevšimla. Najednou se v ní rozprostřel pocit tepla a bezpečí.

Jedna z mých nejoblíbenějších historek o andělech mi byla vyprávěna při mém následujícím kurzu a byla velmi prostá. Eileen pečovala o svého umírajícího otce, který po delší době nakonec zemřel. Když nesla na hřbitov květiny, pociťovala velký smutek a prázdnotu. Hřbitov byl liduprázdný. Zastavila se na chvíli u hrobu a vzpomínala.

Pak se otočila k odchodu a dumala nad tím, kde asi jsou všichni ti nápomocní andělé. Tu se před ní jakoby odnikud zjevila nějaká žena a kráčela směrem k ní. Tato cizí žena řekla: „Neznáš mě, ale já tebe ano.“

Eileen řekla: „Ach, kdo jste?“

„Anděla!“, odpověděla cizí žena a odcházela pryč. Zanechala za sebou ohromenou Eileen, která se nyní cítila mnohem lépe. Věděla, že jí andělé připomněli, že tam jsou.

Na konci jiného velmi zvláštního léčebného kurzu pocítili všichni dotek energie, která před tím proudila místností. Když jsme se na konci sezení všichni chytili navzájem za ruce, začala jsem si uvědomovat, že za každou osobou stojí její strážný anděl s rukama položenýma na jejích ramenech, připravený obejmout, poskytnout podporu a chránit ji. Všechny jsme požádala, aby si to uvědomili.

Když měl každý dostatek času na to, aby vstřebal tento nádherný pocit, doporučila jsem jim, aby si představili, že každého z nich obklopuje zlatá bublina. Když sezení skončilo, jeden z účastníků řekl: „Fyzicky jsem cítil, že mám na svých ramenech ruce anděla, a když jste nás požádala, abychom kolem sebe umístili zlatou bublinu, anděl ustoupil, aby udělal místo bublině, která mě měla obklopit.“

Andělé jsou tu stále připraveni nám pomoci.

Kapitola 14

Andělé nám pomáhají oprostit se od všeho, co nás svazuje

Debbie ke mně přijela ve stavu naprostého šoku. Její matka, ke které měla velmi úzký vztah, byla převezena sanitkou do nemocnice na jednotku intenzivní péče, kde ležela v kómatu. Debbie si zcela přirozeně přála zůstat u lůžka své matky, ale její přátelé jí přemluvili, aby se dostavila na schůzku se mnou. Jeden z nich ji ke mně přivezl a čekal na ni.

Ještě než začalo naše sezení, vstoupili do místnosti andělé. Upozornili na to, že je velmi pevně připoutána ke své matce a že je velmi důležité, aby se od ní oddělila, nebo oprostila od své svázanosti. Díky tomu se bude moci její matka svobodně rozhodnout, zda se vrátí zpět, nebo zemře. Debbie taková představa přinášela pocit zoufalství, ale protože oplývala značně vysokou úrovní duchovního porozumění, pochopila, že je to tak správné.

Uvedla jsem Debbie do stavu naprosté relaxace a požádala jsem ji, aby si představila všechna pouta, která ji s matkou svazují. Uviděla šedivé řetězy, které je obě obklopovaly. Požádaly jsme anděly, aby tyto řetězy rozpustili. Andělé jemně odstranili všechny řetězy, a oddělili matku a dceru od sebe.

Když byly všechny řetězy pryč, uviděla Debbie, že je její matka silnější a že i ona sama se cítí šťastně a větší, jako kdyby vyrostla.

Později toho dne mi zavolala, aby mi řekla, *že v ten samý moment, kdy byly obě zbaveny řetězů, byl matce odebrán ventilátor a ona se posadila*. Jasně cítila, že to, že se zbavila připoutanosti, v tom hrálo značnou roli.

O týden později její matka zemřela. V tomto týdnu jim byla dána možnost, aby se spolu rozloučily tak, jak je to správné, a já jsem přesvědčená o tom, že se tak stalo díky andělům.

O pár dní později ke mně přišla mladá žena, protože se nemohla odpoutat od své rodiny. Její otec byl zlostný tyran, který ji nechtěl pustit z domova. Vydíral ji prohlášením, že jestli odejde, nebude se moci nikdy vrátit zpět. Nikdo z rodiny nebyl schopen se z těchto „pout" vymanit a všichni žili v domácnosti plné zlosti, ticha a strachu.

Při prvním sezení si začala uvědomovat, že její otec cítil zoufalství nad tím, co by s ním bylo, kdyby odešla. S tímto uvědoměním se dostavil pocit něhy a soucitu. Nyní už pochopila, že pouze potřeboval velké množství uklidnění a lásky.

Sama jsem mohla pozorovat, jak se jí změkčovaly rysy v obličeji v průběhu toho, co se mu její srdce otevíralo. Zjistila, že kdyby její otec cítil, že jej skutečně miluje, byl by šťasten natolik, že by ji nechal odejít, protože by věděl, že se vždy bude vracet.

Potom ji anděl vzal, aby se na jejich rodinnou scénu podívala shora. Uviděla spoustu zlostných žadonících tváří, které byly naplněny strachem a pocitem nejistoty. Všichni byli uvězněni v černé lepkavé špíně a nikdo z nich se z toho nemohl dostat. Anděl okolo ní nalil dovnitř této táhnoucí se hmoty zlaté světlo a postupně ji osvobodil natolik, aby mohla odplavat pryč. Požádaly jsme anděla, aby uvolnil z této melasy i zbytek celé rodiny, a on tak učinil tím, že odtud vytáhl temnou lepkavou energii a vlil dovnitř více zlata.

Zanedlouho opustil její bratr domov a ona se začala cítit svobodnější v rozhodování o tom, co chce dělat.

Andělé jsou svobodné duše a pomohou nám, abychom byli také svobodní.

Kapitola 15

Léčení pomocí andělů

Když jsem řekla jedné ze svých klientek, krásné mladé dívce, která si prošla značným utrpením a prožila velkou ztrátu, že píšu knihu o andělech, poslala mi následující dopis o svém zážitku, který se odehrál v průběhu našeho léčebného sezení.

Andělé léčí hluboké rány

Přišla jsem k vám s pocitem, že jsem uvězněna ve svých obavách a zcela frustrovaná. Když jsem byla mladá, strávila jsem dlouhou dobu v nemocnici a trpěla jsem obrovským strachem z toho, co by se mi mohlo stát příště.

Pracovaly jsme na mém vnitřním dítěti, abychom dodaly uvězněnému dítěti sílu. Když jsem umístila své posílené tříleté dítě do svého solárního plexu, přišli dva andělé, aby nabídli svou pomoc. Vytáhli z mého krku skutečně dlouhý, černý a tlustý provaz, který vedl přímo do mého solárního plexu. Byla jsem ohromena, protože jsem to vše skutečně pociťovala.

Poté jsme pokročily k jiné události, kdy jsem se jako šestiletá cítila být značně vyděšená. Tito andělé opět přišli na pomoc. Uvolnili z mého solárního plexu černý dým. Poté vyzdvihli mé vnitřní šestileté dítě, které bylo začernalé dýmem, k božské Prapodstatě. Byl to tak báječný pocit, že jsem se nechtěla vrátit zpátky!

Toto sezení bylo velmi silné a já jsem pociťovala štěstí nad tím, že bylo všude kolem mě tolik pomoci. Byla jsem potěšena, že existuje způsob, jak léčit hluboké rány a měnit frustrující vzorce chování, které se v mém životě vyskytují.

Uvolnění pocitů opuštění

O pár týdnů později jsem k vám přišla znovu. Prožila jsem strašlivý týden, kdy se mi začaly vynořovat staré emoce a zcela mě pohltily. Hlavním tématem byly pocity opuštění – pocity, že jsem nechtěná a nemilovaná. Každé ráno jsem se budila velmi časně a připadalo mi, že mám srdce rozervané na kusy. Bylo to natolik intenzivní a nepříjemné, že jsem začala cítit touhu sama sebe zničit, jen abych ulevila svému utrpení. Věděla jsem, že tyto pocity pocházejí z minulosti, a už jsem měsíce pracovala na tom, abych si vytvořila lásku sama k sobě, ale nyní jsem byla v koncích.

Během sezení jsem uviděla velké množství andělů s konvicí plnou zlaté tekutiny. Jemně jí potřeli moji auru a opět jsem byla ohromena tím, že jsem mohla skutečně cítit jejich energii.

Poté jsme trochu pracovaly s mým vnitřním dítětem, do čehož se andělé zapojili! Chtěli mé vnitřní devítileté dítě vyzvednout ke světlu. Poté mě chtěli vzít vzhůru k božské Prapodstatě. Zeptala jste se mě, jestli chci vystoupit nahoru k této Prapodstatě, neboť by to znamenalo očištění. Bála jsem se toho, ale řekla jsem, že půjdu, protože jsem byla na konci svých sil!

Tak jsem musela nadechovat světlo a vydechovat všechny možné věci včetně zloby, viny a závisti. Poté se z obou stran objevil jeden anděl a oba mě přenesli k božské Prapodstatě. Po cestě vzhůru mi bylo strašně. Pak jsem pociťovala skutečně hlubokou depresi a zoufalství. Poté, když jsem dostoupila až k Prapodstatě, měla jsem pokleknout před vládci karmy, kteří dohlíželi nad karmickými záznamy. Ti nechali milosrdně rozplynout mé utrpení.

Po obou stranách jsem měla jednoho anděla a viděla jsem zářivé bílé světlo. Na čelo mi nakreslili bílý křížek a na srdce ruku. Moji pozornost přitahoval bílý křížek, protože jsem mohla cítit jeho teplo a tvar přímo před svojí hlavou – a v tom okamžiku byly všechny pocity nemoci a deprese a napětí v mých ramenech a krku odplaveny pryč!

Viděla jsem sama sebe, jak klečím a mám na čele bílý křížek. Pak nastala chvíle, kdy jsem se měla vrátit zpět dolů. Skutečně jsem si přála zůstat a vychutnávat si svůj pocit. Bylo to skutečně nádherné, zcela zvláštní a posvátné, ale trvalo to jen pár vteřin.

Byla jsem v úžasu nad pocity, které jsem prožívala! V té době jste mi řekla, že jste ještě nikdy nikoho k božské Prapodstatě nevzala, a že já jsem měla kolem sebe mnoho pomoci.

Od tohoto sezení už jsem nikdy netrpěla těmi strašnými pocity opuštění a zcela věřím, že andělé oplývají schopností léčit.

Zbavení se deprese

Třetí velkolepé andělské léčení, které jsem prožila, se odehrálo v době, kdy jsem upadla do temné díry deprese. Tato deprese neustávala po dobu dvou týdnů. Snažila jsem se, jak jsem jen mohla, abych se z toho dostala, ale stále jsem spadávala zpět.

Zcela mě to pohltilo a mělo to vliv i na moji práci, protože vše ztratilo rovnováhu. V tom okamžiku mi bylo jasné, že jediným způsobem, jak se z toho můžu dostat, je požádat anděly o pomoc! Přišla jsem za vámi, abychom společně nastolily ten správný stav, kdy k nám mohou přijít andělé a pomoci!

Mé vnitřní malé dítě bylo na dně černé jámy plné hadů. Andělé tyto hady odstranili, naplnili jámu v mém solárním plexu zlatým světlem a vynesli mé dítě do tohoto světla.

Zdálo se to být naprosto jednoduché, avšak obsahovalo to neuvěřitelnou sílu, neboť ihned poté moje deprese zcela zmizela!

Od té doby andělům bezmezně důvěřuji! Velmi často je žádám o léčebnou podporu a pomoc. Nikdy jsem žádného jasně neviděla, ale nesmazatelně se mi do paměti vtiskla představa celé skupiny duhově zbarvených andělů, kteří mě vynášejí vzhůru ke světlu, a budu vždy cítit jejich laskavou energii. Andělé vyléčili dokonce i mého koně, když se dusil.

A tak vám mnohokrát děkuji za to, že jste mě s anděly seznámila!

Tato žena už ke mně nikdy nemusela chodit jako k prostředníkovi. Nyní už sama umí vyzvat anděly, aby přišli a léčili.

Kapitola 16

Hlas trubky

Stejně jako existují andělé, kteří léčí, existují i andělé radosti, harmonie, milosti, důvěry a jakékoli jiné myslitelné hodnoty.

Protože se jejich energie liší, vypadají rozdílně. Zjevují se v barvách, které jsou v souladu s jejich energií, a jejich roucha jsou různých stylů a zvyklostí.

Jako všichni ostatní andělé i tito vždy na naše modlitby odpovědí, pokud je přímo zavoláme o pomoc. Díky novému vhledu a uvědomění budeme žádat spíše, aby nám byly seslány pozitivní hodnoty než materiální věci.

Při jednom mém kurzu jsem doporučila účastníkům, aby požádali anděly o seslání pozitivních hodnot, po kterých toužili. Jedna mladá žena požádala anděly o ochranu, jasnost, vnitřní mír, správný směr a zdraví. Už několik let byla nemocná. Když požádáme, je nám dáno. O dva týdny později jsem ji potkala a toto mi vyprávěla:

Pár dní po tomto kurzu jsem potkala přítelkyni, která mi dala lahvičku obsahující směs olejů na ochranu mojí aury. Nežádala jsem o tento olej. Měla prostě potřebu jej pro mě udělat. Mezi přísadami byly fenykl na ochranu proti duševním záchvatům a rozmarýna lékařská na ochranu a jasnost psychiky. Cítila jsem, že je to okamžitá odpověď na mou prosbu o ochranu a jasnost. Moje mysl se zlepšila téměř okamžitě.

Následující den mi došla vaše kazeta s vnitřním mírem, kterou mi někdo poslal. Poslouchala jsem ji a cítila jsem se klidnější a zcela utišená. Věděla jsem, že ji mohu užívat k nalezení vnitřního míru, dokud ve mně nebude pevně zakotven.

Několik týdnů předtím jsem poslala pro jasnovidný text a žádala jsem o radu, jakým směrem se mám v životě vydat. Přišel v ten samý den a já jsem vnitřně souhlasila se vším, co v něm bylo napsáno. Ke konci týdne jsem se vydala na výlet do Stonehenge, kde mi byly předány určité informace, které obsahovaly výzvy týkající se mé budoucnosti. Bylo mi řečeno, abych následovala hlas svého srdce. Poté jsem poslouchala vaši kazetu o Vlastní hodnotě, která mě vybízela, abych následovala své srdce. Vybrala jsem si obrázek anděla, který také říkal: „Následuj své srdce."

S mým zdravím to ale stále nebylo v pořádku. Naštěstí mi zavolal jeden přítel, aby zjistil, jak se mi vede. Byl odborníkem na výživu, důkladně mě zdravotně vyšetřil a zásobil mě vitaminy a minerály.

Poslala jsem andělům modlitbu díků. Odpověděli na všech pět věcí, o které jsem je prosila, ale já jsem se stále cítila být velmi unavená a nebylo mi příliš dobře.

Další den mi napsala následující příběh:

Andělé mne vyléčili co se týče mé emocionální sféry a díky nim se tak u mne odehrály přímo zázračné změny. Domnívala jsem se tedy, že by mě možná mohli vyléčit i v oblasti tělesné sféry, slitovat se a zbavit mě mé únavy po viróze! Byl by to vskutku zázrak, neboť tato únava už přetrvávala několik let.

Tak jsem si lehla, že budu meditovat, a když jsem tak učinila, ucítila jsem u své hlavy obrovského anděla, který měl položené ruce z obou stran mé hlavy. Bylo jasné, že mé úmysly byly dostatečně silné na to, aby ke mně přilákaly anděly.

Požádala jsem, abych byla vzata k božské Prapodstatě a aby mi byla dána milost zbavit se své nemoci. U této Prapodstaty jsem byla položena na zem a přikryta bílou látkou. Okolo mě bylo velké množství andělů – alespoň dvacet – a můj anděl byl stále u mé hlavy. Viděla jsem zářivě zlaté světlo, které svítilo mezi anděly, oblečenými v bílé barvě.

Uslyšela jsem hlas trubky. Pohlédla jsem vzhůru a uviděla dva anděly, kteří se nade mnou vznášeli. Zachytila jsem jejich hodnosti – cherubín a serafín – a pochopila jsem, že stojí v andělské hierarchii na samém vrcholu. V tom okamžiku jsem si dokonce ani nebyla jista, jestli to vůbec byla andělská jména.

Zeptala jsem se, proč se ozývá zvuk trubek a bylo mi řečeno: „Protože jsi mimořádná osoba."

Požádala jsem, aby mi byla dána milost k odstranění mé nemoci. Přistoupila ke mně božská síla v podobě bílého oparu a prošla mým tělem od konečků prstů u nohou až k hlavě, aby tak odstranila všechnu negativitu. To se opakovalo čtyřikrát.

Poté jsem byla naplněna zlatým paprskem světla od hlavy až k patě. Viděla jsem ten úžasný zářivý zlatě se třpytící paprsek světla, jak se přibližuje k mé hlavě, ale zpočátku nemůže proniknout dovnitř. Andělé tedy užili zlaté tekutiny, aby očistili kanál, procházející mojí páteří. Jakmile světlo proniklo dovnitř, začalo pomalu rozlévat svoji záři všude kolem sebe do všech buněk mého těla. Cítila jsem je především v horní polovině.

Přála jsem si zůstat u božské Prapodstaty, aby začalo léčení fungovat. Pak jsem v hlavě ucítila nesmírné teplo, které se soustředilo převážně na můj zátylek, na samém vrcholku mé páteře. Toto teplo bylo uvnitř. Můj anděl byl stále u mé hlavy. Pak se moje hlava po pár minutách zcela pročistila a já se cítila být skutečně plná pohody. Bylo to jako náhlé osvobození.

Přes tělo jsem měla umístěný dlouhý, úzký světelný křížek. Poté jsem sestoupila od Prapodstaty do svého srdečního centra a do svého těla. Bylo mi řečeno, abych sedm dní odpočívala.

Později jsem se cítila být skutečně zcela v pohodě. Všechny mé obavy, strachy a negativní myšlenky zmizely.

Andělé cítí velkou radost nad tím,
že jsme mimořádné bytosti.

KAPITOLA 17

Andělé barev

Lékaři využívají ultrazvuk k tomu, aby odstranili negativní energii soustředěnou do bolestivých kloubů. Využívají ultrafialové paprsky, aby v těle uvolnily určité nedobré stavy. Víme o tom, že takovéto užití zvuku a barvy dokáže efektivně léčit. Nicméně je to velmi násilné využití zvuku a barvy. Je to spíš jako bychom k rozlousknutí oříšku použili palici.

Každá barva má svoji vlastní vibraci a energii, které nás ovlivňují, i když si to na vědomé úrovni neuvědomujeme. Zářivě červená nás nabije energií, zatímco zelená nás uvede do rovnováhy a modrá utiší. Žlutá nám pomáhá se soustředit a indigově modrá zklidní naši mysl. Barvy, které nanášíme na stěny svých domovů, na nás mají také vliv. Barvy, které si vybíráme na sebe, odrážejí naši osobnost, nebo nám poskytují něco, čeho se nám nedostává.

A stejně tak, když jsou vhodně zvolené barvy nasměrovány k léčení těla, pronikají do buněk a dodávají jim energii nebo rozpouštějí energii negativní. Zatímco jedno onemocnění může zareagovat na jednu určitou barvu, jiné může být negativně ovlivněno jinou barvou.

Například rakovina reaguje na zelenou, což je barva srdečního centra, a je tedy zapotřebí, abychom měli své srdeční centrum otevřené a uvolněné, aby jím tato barva efektivně procházela. Lidé, kteří se nacházejí ve stavu šoku, nebo ti, jejichž mysl je nutno zklidnit, reagují na indigově modrou. Ten, kdo trpí depresí, bude příznivě reagovat na teple červenou a oranžovou.

Léčení barvami je velmi efektivní a nyní se dostává stále více do popředí. Někteří léčitelé mají ohledně barev značnou intuici a vybírají pro své pacienty ten nejlepší odstín. Jiní nedokážou vidět barvy tak jasně, nebo si tolik nevěří, že dokážou vybrat tu správnou.

To, co si neuvědomujeme, je, že andělé barev jsou vždy nablízku, aby nám pomohli. Kdykoli se zamyslíme nad nějakou barvou a pro někoho ji navrhneme, anděl tomu bude přítomen a pomůže nám. Když jej požádáme o pomoc, uvolníme se a dovolíme mu, aby převzal vedení, můžeme si dopřát odpočinek. Můžeme si být jisti, že vybere pro našeho pacienta tu správnou barvu s nejlepším účinkem.

Pokud se soustředíme příliš silně, tyto síly brzdíme. Naším úkolem je udržovat se v uvolněném soustředění, aby tak andělé mohli skrze nás pracovat.

Pokud chceme sami nějakou barvu vizualizovat, je vždy bezpečné soustředit se na bílé světlo. Toto světlo v sobě obsahuje všechny barvy spektra, takže si andělé mohou vybrat a namíchat jakoukoli barvu, která je pro příjemce nejpotřebnější.

Bílá je barva, která je ryzí a ochranná, a když pro ochranu použijeme bílé světlo, stáváme se nenapadnutelní. Můžeme si být jisti, že se andělé u nás objevují ve velkém počtu.

O síle bílého světla jsem hovořila na jednom ze svých kurzů a jedna účastnice vyprávěla tuto příhodu. Tato žena oplývá značnou měrou jasnozřivosti a vždy viděla okolo lidí jejich energie. V té době byla zaměstnána v obchodě a jednou týdně musela nosit domů velký obnos peněz. Jednou večer po práci stála na autobusové zastávce a čekala na autobus. Byla zima a byla už skoro tma. V kabelce měla celou tržbu.

V šeru uviděla přicházet nějakého mladíka. Z jeho energie vyčetla, že jí chce přepadnout. Stáhla se do sebe a sevřela pevně svoji kabelku, jako by to udělala většina lidí? Ne. Uvolnila se, jak mohla nejvíce a obklopila se bílým světlem. Slyšela mladíkovy kroky, jak se k ní blíží a jsou stále blíž a blíž. Najednou se kroky zastavily a ona otevřela oči. Uviděla mladíkovu ruku nataženou k tomu, aby jí sebral kabelku, ke které se ale nemohla dostat skrz bílé světlo okolo ní. Ve tváři měl výraz nepopsatelné paniky. Pak se otočil a utíkal pryč, co nejrychleji mohl.

Když se uvolnila a vizualizovala si okolo sebe bílé světlo, umožnila andělské ochraně, aby jí přišla na pomoc.

Když jsem tento příběh vyprávěla jednomu právníkovi, usmál se a vyprávěl mi svůj zážitek se silou bílého světla. Řekl, že to bylo poprvé, kdy jej prožil, ale že pevně věřil tomu, že mu zachránilo život.

Jel s nějakými přáteli autem na kontinent. Tito přátelé jeli extrémně vysokou rychlostí a on cítil, že jim hrozí bezprostřední nebezpečí. Měl možnost volby, buď propadnout velmi silné úzkosti, nebo důvěřovat duchovním silám. Rozhodl se uvolnit a ochránit se bílým světlem. Jakmile to udělal, opřel se dozadu a věděl, že se mu nic nestane.

Jak se tak hnali krkolomnou rychlostí po dálnici, najednou auto, které jelo před nimi, píchlo. Točilo se po celé silnici, ale nějakým zázrakem – nebo díky ochranné síle andělů světla – je minulo a jejich auto neutrpělo ani škrábnutí.

Aby síla bílého světla fungovala, je nutné, abychom v ně věřili? Jako vše ostatní i toto se řídí duchovními zákony vesmíru. V určitém bodě, kdy jsme uvolněni a naplněni důvěrou, k nám andělé mohou přijít blíž a pomoci.

Pevně věřím, že víra jednoho člověka je silnější než nakumulované pochybnosti velkého množství lidí.

Při jednom kurzu mi jedna účastnice, Celia, vyprávěla, že jí její přítelkyně vzala na kurz léčení. Trochu se opozdily, ale věřily, že tam pro ně zůstane volné parkovací místo. Jezdily kolem dokola, ale nemohly žádné najít. Nakonec projely místem, kde byla zaparkována auta na zákazu stání a zastavení. Přítelkyně Celie řekla: „Budeme se dnes podílet na Božím konání. Můžeme zde bezpečně parkovat.“ Vystoupila z auta a umístila okolo něj bílé světlo.

Celia byla velmi znepokojena a rozrušena. Celé dopoledne měla strach z toho, že budou mít za stěračem lístek s pokutou, ale její přítelkyně nepociťovala žádné obavy. V době oběda chtěla jít Celia zpět a zkontrolovat, jestli auto nemá botičku, nebo není odtaženo. Její přítelkyně byla jejím chováním zmatena, protože věděla, že auto je ochraňováno bílými anděly.

Všechna ostatní auta v ulici měla pod stěračem pevně připevněný lístek s pokutou. Jejich auto bylo netknuté.

Celia byla ohromena. Když pochopila, kolik obav vysílala do parkovacího prostoru, začala si uvědomovat, že andělé bílého světla byli mnohem silnější nežli její negativita.

Andělé jsou silnější než naše pochyby a obavy.

KAPITOLA 18

Andělé vyslyší naše modlitby

Joanna se přiznala, že měla hrůzu jít na domluvené setkání, jež ji mělo osvobodit od sexuálního znásilnění, které se odehrálo v jejím dětství. Těsně před touto schůzkou se jí zdál tento sen.

Jsem domorodá americká indiánská žena. Žiji se svým přítelem a se svými rodiči. Svého přítele skutečně miluji a máme spolu velmi blízký vztah. Bydlíme ve srubu, který je stranou od ostatních. Jednou přelezl jeden voják z občanské války plot a vlezl do srubu. Měl velkou pušku a neustával ve střelbě. Postřílel rodinu a zvířata a pak se otočil ke mně a řekl: „Chystám se do tebe zasít své sémě, a ty tak na mě nikdy nezapomeneš.“ Znovu a znovu mě znásilňoval a já jsem se sevřela, abych nemohla otěhotnět...

Všimla jsem si, že začala tento sen vyprávět v přítomném čase. Pak když začalo být její vyprávění bolestné, distancovala se od toho tím, že sklouzla do času minulého.

Když se Joanna probudila z tohoto velmi sugestivního snu, pochopila, že to byl sen z jejího minulého života. Cítila, že celý svůj život čekala na návrat svého partnera, který byl takto surově zabit. Řekla mi, že si vždy držela všechny muže od těla a byla stále pannou.

Pak začala Joanna plakat a řekla, že když jí byly tři roky, velmi často se jí dotýkal na intimních místech otcův obchodní partner, který k nim chodíval. Neodvážila se to nikomu říci, protože jí pověděl, že jestli něco řekne, zabije maminku i tatínka.

Jakmile mi svůj příběh dovyprávěla, přišli k ní andělé. Sledovala jsem, jak vytahávali z jejího srdečního centra černé hady.

Naznačili, že musí zavřít oči a přenést se zpět do svého dětství, do doby, kdy jí byly tři roky. S vědomím, že ji andělé ochraňují, byla schopna postavit se svému pachateli tváří v tvář. Když jí vyhrožoval tím, že zabije její rodiče, ona jako dítě se zasmála a nazvala ho zbabělcem.

Poradila jsem jí, aby přivedla do pokoje svého otce a řekla mu, co se stalo. Učinila tak a byla naprosto ohromena tím, co se odvíjelo před jejími zraky. „Tatínek mu dal ránu pěstí," zvolala. „Nemyslela jsem si, že by to dokázal udělat." Poprvé ve svém životě poznala, že by ji uměl ubránit a že by to byl udělal.

Její otec se k ní obrátil a řekl: „Zasloužíš si, aby se k tobě lidé chovali s láskou a respektem." Začala si uvědomovat, že nikdy nevěřila tomu, že si zaslouží, aby s ní bylo zacházeno hezky. Její tatínek pokračoval: „Teď už chápu, proč jsi ke mně necítila důvěru. Vždy jsem cítil, že je mezi námi nějaká hradba."

Joana vykřikla: „Myslela jsem si, že když mohl nechat někoho, aby mi něco takové dělal, mohl by to klidně udělat i on sám. Teď jsem pochopila, že neměl ani tušení, co se odehrává, a že kdyby to byl věděl, byl by mě ochránil. Moje zloba zmizela. Neuvědomovala jsem si, že to nebyla jeho vina. Skutečně cítím, že jej miluji."

Poté vešla na místo děje její matka a okamžitě začala na pachatele útočit se zuřivostí a značnou silou. Náhle Joanna zvolala: „Ona to věděla. Ona věděla, že se něco děje."

Poukázala jsem na to, že někdy podvědomě něco víme, ale že to není totéž, jako když máme konkrétní informace. Joanna s tím souhlasila: „Ano, podvědomě to věděla a řekla tatínkovi, aby nezatahoval své obchody do jejich domu." Pochopila, že tento čin musel být pro její neasertivní matku velmi těžký a že jednala na základě svých instinktů a udělala to nejlepší, aby se pokusila svému dítěti pomoci.

Joanna si povzdechla a řekla, že její zloba namířená proti matce je zcela pryč.

Andělé začali rozpouštět temné mraky zloby, která byla uvolněna. Když tak učinili, uviděli jsme, že pod clonou tmy byla Joanna připoutána řetězy ke svým rodičům – velkými těžkými černými řetězy. Sledovali jsme anděly, jak tyto řetězy přesekávají a rozpouštějí je ve světle.

Poté mi bylo ukázáno, že Joanna byla uvnitř sešita tak, aby nemohla sexuálně žít. Andělé vytáhli ven všechna vlákna. Náhle se zde objevily stovky andělů, kteří kolem nich stáli a zpívali.

Joannina tvář byla nachová, a když otevřela oči, zářily. „Byla jsem vyléčena. Vím to," řekla.

Poté mi vyprávěla, že nebyla schopna se od svých rodičů odpoutat, ačkoli už zkoušela všechno možné. Nyní pochopila, že zneužívání, které se odehrálo v jejím dětském věku, ji doslova k tomuto místu připoutalo.

Řekla, že než přišla na naše sezení, modlila se za to, aby na něj přišli andělé a pomohli jí. Naše modlitby jsou vždy vyslyšeny.

Hovořila jsem s Joannou o pár měsíců později. Řekla mi: „Poprvé ve svém životě se cítím být celistvou osobností. Cítím, že už nehledám lásku, oporu a ochranu mimo sebe." Pak dodala: „Předtím jsem to věděla na intelektuální rovině, ale nyní to cítím uvnitř. Získala jsem větší sebedůvěru a více si sebe cením. Nemohu vymyslet jiný způsob jak to vyjádřit, než že se cítím být celistvá."

Děkuji vám, andělé.

KAPITOLA 19

Andělé lásky

Někdy můžeme být velmi starostliví a duchovní lidé a přitom trpíme nemocí nebo vadou, pro kterou nemůžeme najít ve svém životě žádnou příčinu. Larry byl takovým mladým mužem. Pracoval jen příležitostně, právě kvůli svým velmi špatným zádům a neustálé únavě.

Když jsem nasměrovala jeho nevědomou mysl, aby ho dovedla ke zdroji jeho problému, zjistil, že je novorozeným miminkem, které je plné nenávisti.

Musel ve své duši nést nevyřešenou nenávist, kterou si přinesl i do svého současného života. Přirozeně tato nenávist ovlivňovala jeho vztahy, jeho životní pouť a jeho zdraví.

Pomocí vizualizace jsem mu pomohla otevřít jeho srdeční centrum a podržet tuto energii, zatímco do pokoje vešli andělé a ve své nekonečné lásce a soucitu vytáhli z jeho srdce všechnu tu temnou nenávist. Poté naplnili jeho srdce světlem a mírem.

O pár dní později mi telefonoval, aby mi sdělil, že se cítí neuvěřitelně dobře.

Tolik se obáváme své temnoty, že ji často popíráme. Jedna mladá dívka, Pauline, která už na sobě udělala spoustu práce, ke mně přišla s problémem žárlivosti. Samozřejmě, že problém se žárlivostí je vždy problémem, týkajícím se toho, že máme pocit, že nejsme dost dobří.

Zeptala jsem se jí, jestli po příčinách své žárlivosti pátrala ve svém minulém životě, a ona mi řekla, že už podnikla několik návratů do minulosti. Všechny jí pomohly zbavit se části jejího problému, ale žádný neprojasnil její temnotu.

Cítila jsem, že toto sezení by mohlo proběhnout jinak, protože s ní do místnosti vstoupil skutečně nádherný anděl, který se pro mě zviditelnil. Vznášel se nad ní s rukama sepjatýma k modlení a mně bylo jasné, že k uvolnění jejího bloku musíme požádat o milost.

Tento anděl mi ukázal v mysli této mladé dívky dvířka, která byla upevněna rezavými západkami a další podobné dveře, jež byly v jejím srdci! Bylo mi ukázáno, že temnota, která způsobovala, že se cítila tak zle, byla uzamčena v jejím srdci a v její mysli. Cítila se být tak bezcenná, že neustále očekávala, že si její partneři najdou někoho jiného, lepšího.

Když jsem ji vrátila do minulosti, objevila, že v jiném životě byla světlou duší. Narodila se matce, černé čarodějnici, která byla naplněna nenávistí. Místo toho, aby vnesla do této temné rodiny světlo, což bylo také jejím záměrem, když si vybrala tento vyzývající život, dovolila této strašné temnotě, aby ji naplnila. Cítila se být stravována černou zlostí a nenávistí všech lidí a i samotného života.

Její nádherný anděl, který vyzařoval zlatou, temně modrou a růžovou, nyní vložil ruce na její hruď a kolem srdce. Mohly jsme obě s Paulinou vidět tu černotu, která jako chobotnice její srdce omotávala a svými ohromnými chapadly pronikala celým jejím tělem.

Čekala jsem, že anděl vezme tuto chobotnici a rozpustí ji ve světle. Místo toho ji velmi jemně a s láskou pozvedl z Paulinina srdce, dotkl se jí a vzal ji pryč k léčení. Pak se anděl vrátil a vyzvedl Paulinino srdce z jejího těla a přenesl je do nádherného vodopádu k vyjasnění a očištění.

Když bylo její srdce vráceno zpět do jejího těla, předpokládala jsem, že bude konec, ale nebyl. Anděl přinesl zpět chobotnici, která byla přetransformována pomocí božské lásky na něco růžového. Paulina uviděla růžový křemíkový krystal. Tento krystal byl vložen do jejího srdce, zatímco ona sama už také zářila.

Když na konci sezení otevřela oči, řekla, že cítila, že se odehrálo něco skutečně hlubokého. Věděla, že se kdesi uvnitř ní stala základní změna.

Andělé se svojí nekonečnou láskou a soucitem čekají, aby nám pomohli.

KAPITOLA 20

Andělé Země

Existují zprávy o lidech, kteří přišli jakoby odnikud, pomohli druhým a poté zmizeli. Velké množství lidí je přesvědčeno o tom, že to byli andělé, kteří na sebe vzali lidskou podobu.

Jeden můj přítel mi poslal zápis rozhovoru, který vedl na nějakém večírku s báječnou a skutečně velmi čilou sedmdesátnicí. „Vyprávěla mi, jak byla na vlakovém nádraží Victoria station, hledala vlak do Gatwicku a zjistila, že to nezvládne. Stála se svými zavazadly, modlila se, aby k ní přišla nějaká pomoc, a náhle se vedle ní zjevil malý černý člověk a řekl jí, že jí může pomoci. Řekl, že byl seslán Bohem a vzal její zavazadla a odvedl jí k odbavovacímu místu na nádraží a pak ji posadil na vlak v dostatečném předstihu, aby stihla svůj spoj. Je přesvědčena o tom, že to byl anděl.“

Následující historku mi vyprávěla přítelkyně, která měla velmi zvláštní a kouzelný život. Věří tomu, že jí anděl Země pomohl dokonce ještě před tím, než se narodila. V té době s ní byla její matka v osmém měsíci těhotenství a rozhodně neočekávala její blízký příchod.

Tato rodina žila v malé vesničce na venkově, kde se všichni navzájem znali. Její matka právě drhla práh u vchodových dveří, když se u vstupní branky objevil cizinec a řekl jí, aby poslala pro svého muže a pro doktora a šla si okamžitě lehnout. Její dítě už chce na svět.

V jeho hlase zaznívala taková naléhavost, že její matka bez otázek udělala, co jí bylo řečeno. Manžel přišel rychle domů. Přijel doktor a dítě se během hodiny narodilo.

Na otázky, zda někdo viděl to ráno kolem vesnice nebo ve vesnici nějakého cizince, všichni odpověděli že ne.

Andělé Země se zjevují, a když je jejich úkol naplněn, zase mizí.

Nedávno mi došel dopis od Patricie O'Flahertyové s tímto příběhem neobyčejné pomoci.

V roce 1980 v říjnu jsme se s rodinou přestěhovali do Norwaye v souvislosti s prací mého manžela (nyní exmanžela). Dětem bylo osm a šest let. Bylo to skutečné pozdvižení. Dozvěděli jsme se to jen tři týdny před tím, než jsme se měli přestěhovat. Musela jsem se vzdát svého zaměstnání, sbalit celý dům, zorganizovat tisíce věcí, moc jsem toho nenaspala a prožívala jsem značné obavy. Dorazili jsme do Oslo po čtyřiadvacetihodinové cestě lodí a dlouhé cestě autem přes celé Švédsko a jižní Norsko, až jsme se konečně zapsali v Grand hotelu, kde jsme měli zůstat dva týdny a přitom si hledat bydlení.

První dva dny jsme zcela zkolabovali. Jen jsme spali a vydávali jsme se na krátké výlety autem. Ale v pondělí ráno odešel můj manžel do práce a děti byly velmi živé a plné energie. Já jsem se cítila děsně: bylo mi špatně, hlavu jsem měla otupělou, byla jsem slabá a vyčerpaná, ale po obědě jsme se rozhodli, že se trochu projdeme, abychom město prozkoumali.

Vyšli jsme. Nehodlala jsem jít daleko, ale nějak se zdálo, že se stále více a více vzdalujeme od obchodů. Začalo se stále více stmívat. Auta začala jezdit s rozsvícenými světly. Bylo nepříjemně chladno a najednou jsme se ztratili někde pod dálničním nadjezdem.

Zachvátila mě panika. Děti byly unavené. Nikdo nikde nebyl a já jsem se cítila tak divně, že jsem myslela, že asi omdlím. Pamatuji se, že jsem prosila o pomoc z nejhlubšího místa ve svém srdci. Neexistovala možnost, jak se z této situace dostat.

Náhle se jakoby odnikud objevil vysoký plavovlasý muž v pláštěnce. Nevšimla jsem si, odkud přišel. Rozuměl perfektně anglicky a začal nás s úsměvem a laskavě doprovázet. Zbytek naší cesty je jako sen, který se někomu zdá. Stačí když řeknu, že jsem se „ocitla" u kiosku na rohu hotelu Grand.

Nemám pro to, co se stalo, žádné vysvětlení, ale jsem přesvědčena, že to byl anděl, který nám pomohl najít cestu domů.

Když dítě bezdůvodně plačtivě kňourá a naříká, máme tendenci jej ignorovat. Ale když se dítě ocitne v opravdových potížích, nebo je skutečně zoufalé, zcela přirozeně mu spěcháme na pomoc. Jsme děti boží a já věřím tomu, že když jsme opravdu v nouzi, Bůh nám pošle na pomoc nějakou osobu nebo anděla.

Od té doby, co jsem poprvé zavolala o pomoc a mé volání bylo vyslyšeno světelnou bytostí, se mi to už stalo v menší či větší míře mnohokrát a v mnoha různých podobách. Myslím, že jsem byla tak hluboko ponořená do svých depresí, že jsem k tomu, abych se z toho dostala, potřebovala spoustu pomoci.

Přibližně asi o rok později po tom, co jsem měla svůj první zážitek s anděly, jsem se stále cítila být velmi vystrašená a osamělá. Šla jsem na přednášku. Seděla jsem v předních řadách posluchárny a musím se přiznat, že jsem byla tak zahlcená svými vlastními úzkostmi, že jsem se na řeč přednášejícího vůbec nemohla soustředit. Po přednášce ke mně ze zadních řad přišel nějaký cizí člověk. Omluvil se mi za to, že se během přednášky naladil na mé myšlenky, ale chce mi říci, že bude všechno v pořádku. Nemusím se strachovat, protože jsem ochraňována a vedena.

Podruhé ke mně přišel nějaký neznámý člověk na ulici a předal mi téměř identický vzkaz. Nemyslím si, že to byli andělé, ale předpokládám, že jim nějaké vyšší bytosti našeptaly, aby mi tato poselství naděje předali.

Při třetí příležitosti jsem se cítila dosti mizerně. Něco mě přinutilo, abych se podívala na oblohu. Uviděla jsem obrovské ruce obrácené vzhůru, které zaplňovaly celou oblohu, jako by říkaly: „Budeme tě držet." Stěží jsem dokázala uvěřit tomu, co jsem viděla, ale dodalo mi to značnou odvahu.

Andělé Země přicházejí, aby nám pomohli, dodali nám odvahu a podporovali nás.

KAPITOLA 21

Praktičtí andělé

Existuje nesčetné množství andělů, kteří jsou připraveni a touží po tom, aby pomohli lidským duším. Musíme je jen požádat a oni nám přinesou to, co potřebujeme.

Mnoho lidí ví, že existují andělé parkovacích míst. Když požádáme o takového anděla a řekneme mu, kde chceme, aby nám připravil volné místo, udělá vše, co je v jeho silách, aby pro nás takové místo zajistil. To samé se odehrává s anděly dopravních světel. Požádejte svého anděla, aby padla co nejrychleji zelená a aby vám tak ulehčil cestování.

Přítel, který ke mně přijel na návštěvu z Kanady, mi vyprávěl, že vždycky požádá svého anděla automobilového provozu, aby ho, když cestuje autem, ochránil před radary a fotoaparáty. Řekl, že to funguje naprosto báječně. Nedělá nic vědomě, ale vždycky zjistí, že se rychlost jeho auta snížila, a pak se doslechne o tom, že někdo jiný dostal v tom samém místě v ten den pokutu.

Vždycky jsem k ochraně svého auta používala bílé světlo. To bylo před tím, než se mi andělé ukázali. Nyní, když věřím tomu, že jde o andělskou energii, je pro mě mnohem důvěrnější, když mé auto nebo domov střeží anděl.

Jedna dáma, která byla přítomna na mém kurzu, mi vyprávěla, že vždy žádala nějakého anděla, aby jí dával pozor na auto. A i když ho nechávala na místech, která nebyla vůbec bezpečná, vždy zůstalo nedotčeno. Pak začala po nějakém čase cítit, že anděl už nechce tuto práci dělat. Nevěděla proč. Měla jen takový pocit, a tak jednoho dne svého anděla z této činnosti propustila. Další den se do něj někdo vloupal.

Nedovedu pochopit, proč měla mít tento pocit. Možná potřebovala prožít vloupání a to nebylo možné, dokud byl anděl na stráži?

Jiná dáma z kurzu v nás vyvolala záchvat smíchu, když nám vyprávěla o tom, že si vždycky pozvala anděla, aby jí pomohl s domácími pracemi. Předtím, než začala luxovat dům, pozvala si anděla luxování a celá práce byla hotova za polovinu času než normálně, jednoduše a s lehkostí. Když se jí porouchala pračka a nahromadila se jí obrovská hromada prádla, kterou musela prát v ruce, řekla: „Nebyl to žádný problém. Požádala jsem o pomoc anděla praní a všechno bylo vypráno ve dvou hodinách a já jsem se cítila báječně.“ Zdá se, že nám během toho, co pomáhají, dodávají energii.

Andělé jsou plní radosti. Pomáhají nám s lehkostí s nakupováním, psaním na stroji, s účetnictvím, doslova se vším, s čím chceme. Není to báječné, když si myslíme, že zápasíme s tím, abychom dali dohromady své účetní knihy, že se vznáší nad počítačem anděl účetnictví a čeká jen na to, aby nám mohl celou práci usnadnit. Když jsme zoufalí z toho, který dárek máme koupit, je tu anděl nakupování, který dychtí po tom, aby nás navedl ke správnému a nejlepšímu dárku!

Všichni si problematizujeme život... a přitom tu všude kolem jsou tito andělé, kteří prostě jen čekají na to, aby naši životní pouť ulehčili, pokud jsou naše úmysly čisté.

Stejně jako existují strážní andělé, existují také andělé milosrdenství, pravdy, lásky, soucitu, pokory, míru a všech možných hodnot. Když žijeme na vyšší úrovni uvědomění, modlíme se spíše za hodnoty než za hmotné věci.

Duchovní zákon říká, že když se na cokoli zaměříme, nabývá to na síle. Takže když se zaměříme na dobré vlastnosti, jako je láska nebo mír, andělé nám do života vnesou více takovýchto kladných vlastností.

Samozřejmě, to samé platí i o nízkých hodnotách. Když se zaměříme na strach, lakotu, chtíč nebo jinou zápornou vlastnost, temné síly do našich životů nasměrují více takových pocitů a událostí.

Nicméně andělé nosí naději. V době, kdy máme nějaké problémy, snaží se nás povzbudit a uklidnit. Někdy jsme tak na dně, že jejich přítomnost necítíme, i když se nás snaží duševně pozvednout. Pak, když to naše karma dovoluje, podnítí někoho jiného, aby nás povzbudil.

Můj syn Justin rád vypráví úsměvnou historku o příhodě, kterou viděl na vlastní oči v metru. Vlak metra byl dosti plný. V jednom vagonu byla žena, která na všechny vrhala zlostné pohledy. Vypadala tak nešťastně a odpudivě, že atmosféra začala houstnout. Když vlak zastavil, přistoupil jeden mladík. Vytáhl z kapsy dva velmi dlouhé a úzké balonky. Jeden byl červený a jeden zelený. Když je nafukoval, všichni ho sledovali. Pak začal balonky dohromady proplétat tak, až vytvořil rudou růži. Na příští stanici vstal a věnoval tuto růži nasupené ženě. Pak vyskočil z vlaku. Tato žena, jak držela tuto růži z balonků, se najednou začala usmívat od ucha k uchu. Justin zjistil, že při tom, jak to sledoval, se sám široce usmívá. Rozhlédl se kolem sebe a uviděl, že všichni se usmívají radostí.

Andělé vnášejí světlo do těžkých úkolů
a nejtemnějších situací.

KAPITOLA 22

Andělé pomáhají manželství

Serena byla mladá a atraktivní vdaná žena s malými dětmi. Její vzhled byl ale v naprostém rozporu s jejím vnitřním zmatkem. Ke svému manželovi, který ji nedokázal podporovat ani finančně ani emocionálně, pociťovala takovou zlost, že se s ním po několik let odmítala milovat. Měla v úmyslu žít s ním v tomto celibátu až do doby, kdy budou děti starší, protože nemohla snést ani představu, že se jí dotýká.

Nějakou dobu jsem s ní hovořila a pomáhala jsem jí, aby si stále více uvědomovala své zvyky. Posléze souhlasila a pozvala anděly, aby jí pomohli.

Jakmile se andělé přiblížili, přesunuli se k jejímu srdci a ukázali mi, že je velmi emocionálně poraněno. Dotýkali se jejího zraněného srdce a vyhlazovali jej, dokud nebylo v pořádku.

Pak se přesunuli k jejímu solárnímu plexu. Vypadal jako zaprášený sklep plný starých vzpomínek. Pracovali z plných sil, aby vyklidili všechno to harampádí a vynesli je na světlo, ve kterém se rozpustilo. Když její solární plexus vyklidili, vyčistili a požehnali, požádala jsem jí, aby si před sebou představila svého manžela.

„Ach, jsem obklopena černotou a on je celý černý a červený," řekla. Černá a červená dohromady jsou barvy bezprostředně hrozícího výbuchu. Bylo jasné, že je na pokraji zhroucení.

Andělé věnovali spoustu času jemnému odstraňování temné energie zlosti, která je oba obklopovala a rozpustili provazy, které je omotávaly.

Když s tím byli hotovi, řekla mi Serena: „Držíme se za ruce a jsme jeden pro druhého oporou." Značně mě to překvapilo. Nicméně jsem jenom požádala anděly, jestli by mohli pokračovat v jejich vzájemném sbližování.

Za dva týdny přišla na další sezení. Byla jsem potěšena tou zářící ženou, plnou života, která vešla dovnitř. Řekla mi, že poté, co jí andělé pomohli, šla domů a cítila se zcela jinak. Strávili pak s manželem noc plnou vášně.

Další den pociťovala mírnou zlost a trochu se bála, ale přešlo to, a nyní jsou si opět blízcí a milují se. Řekla: „Jasně nyní vím, co mohu udělat já, aby všechno klapalo, a ne co musí dělat on. Mám jasno jakým směrem se ubírám ve své práci, a uvědomila jsem si, že se z nás obou nyní mohou stát živitelé rodiny. Poprvé se v tomto ohledu cítím naprosto v pohodě."

K tomu dodala, že přítelkyně, která u nich bydlí, a která u nich už bydlela před čtyřmi měsíci, je naprosto ohromena změnou, která se v jejich vztahu odehrála – jen stěží tomu může uvěřit.

Když jim to dovolíme,
andělé udělají, co je v jejich silách,
aby svedli dva partnery v manželství
zase dohromady.

KAPITOLA 23

Andělé a království přírody

Andělé jsou strážci světa přírody. S láskou pomáhají lidským bytostem a království přírody, aby se vyvíjely. Dohlížejí na duchy, kteří se o přírodu starají. Mezi jiným jsou to víly, skřítkové, trpaslíci, duchové vzduchu, salamandři a elfové.

Tam, kde tito duchové žijí v těsné blízkosti s lidskými bytostmi, jsou ovlivňováni jejich emocemi a napojují se na jakoukoli dostupnou energii. Připojí se stejně snadno jak na temné myšlenky, tak i na naši pozitivní energii, a obě pak dále rozvíjejí. Ten, kdo pracuje s krystaly, ví, že duch uvnitř krystalu bude zvětšovat negativní energii stejně jako pozitivní léčebnou energii. Takže duchové mohou být ničiví i tvořiví.

Funguje to takhle. Salamandři, duchové ohně, pomáhají hořet ohni. Když jsme shromážděni kolem veselých plamenů, salamandři pohotově pracují. Když jsou lidé zlostní a nejsou v rovnováze, salamandři na to reagují tím, že přemění mírný oheň na naprostou katastrofu. Když nějaký dům nebo obec zcela shoří, tito salamandři budou zářit – často potlačenými – chaotickými emocemi lidí, kteří tam žijí.

Oheň je také očistný. Když jsou lidé zpopelňováni, salamandři pomáhají s uvolňováním starých rodinných vzorců chování, negativních návyků a myšlenkových názorů, které by se jinak mohly napojit na citlivého člena rodiny, který je ještě naživu.

Tento úsměvný příběh mi vyprávěla Pamela Russellová z Eveshamu, která kdysi vlastnila obchod s bytovým textilem, jenž se nacházel v malé vesničce ve staré historicky cenné budově. Než ji zakoupila, bydlela v ní po mnoho let postarší dáma. Tato dáma pak odešla do domova důchodců a nakonec zemřela. Tato stará dáma byla na svůj dům velmi pyšná a velmi často bylo možno pociťovat její přítomnost. Byla také dosti zlomyslná. Pamela nechávala svůj oblíbený náprstek u rozdělané práce a on se občas z ničeho nic ztrácel. Všichni ho bezvýsledně hledali. Pak řekli duchovi staré ženy, aby jej vrátil a následující ráno byl náprstek uprostřed stolu! Odehrávalo se to zjevně vždy, když se v domě objevil nový zaměstnanec. Vypadalo to, jako by duch této staré paní chtěl vědět, kdo do jejího domu přišel, a aby ho vzal na vědomí. Takže dala všem pocítit svoji přítomnost, dokud jí díky jejím trikům nebyla přiznána dostatečná pozornost a uznání. Jakmile nově příchozího akceptovala a byla jím akceptována, přestala náprstek schovávat.

Vždycky, když náprstek zmizel, nebo nějakým způsobem pociťovali její přítomnost, rozestřela se v místnosti nádherná vůně květin. Voněly tam fialy, zvonce konvalinek a hrachory. Snacha staré paní řekla Pamele, že když byla stará paní ještě naživu, vázala kytice a věnce ze starodávně vonících zahradních květin.

Pak se jednou stalo, že v krámě hořelo. Když se všechno uklidilo a obchod byl znovu vymalován, stará paní už se nikdy nevrátila. Domnívám se, že duchové ohně zbavili toto místo starých vzpomínek, a tak už nebyla stará dáma se svým domem nikterak spoutaná a rozhodla se odebrat se tam, kde bylo její místo.

Duchové vzduchu jsou sylfové. Usmívají se v jemném letním vánku nebo se mohou semknout do šílených tornád nebo hurikánů. Duchové vzduchu se napojí na naši potlačenou zlost a vyjádří ji navenek.

Když někdo řekne, že se chystá postavit na odpor přírodním živlům, doslova tím myslí, že bude čelit živelní energii vzduchu, vody, ohně nebo země, která byla uvolněna.

Víly pečují o květiny. Tam, kde máme svoji zahrádku, a ony se tam cítí bezpečně a milovány, pomáhají víly růst našim květinám i zelenině. Znám spoustu lidí, kteří už takové víly viděli, nebo jim přebývají v jejich zahradách, nebo dokonce i okenních truhlících. Nicméně já jsem takovou vílu viděla pouze jedinkrát a to bylo v nadaci Findrohn, což je obrovské duchovní společenství ve Skotsku. Jsou proslulí svými výsledky. Závoj mezi těmito světy je zde velmi tenký.

Když jsem spatřila tuto vílu, byl to zážitek, na který nikdy nezapomenu. Poslouchala jsem přednášku. Uprostřed místnosti byla miska s květinami šanty kočičí, ve které byla zapíchnuta svíčka. (Lístky šanty kočičí jsou stříbrné, zato květy jsou nádherně fialkově modré.) K mému úžasu jsem uviděla vznášet se nad vázou třpytivé světlo, které mělo úplně stejnou barvu jako květiny. Byla to víla, která vypadala úplně stejně jako Tinkerbell z knih Petera Pana, jež jsem jako dítě milovala. Jen se mihotala, zářila a světélkovala tak, jak bych to nikdy nečekala. Sledovala jsem, jak se pohybuje nad květinami a kolem nich. I když jsem se podívala stranou a zase zpět, byla tam stále. Bylo to mnohem víc fascinující než přednáška, ale nakonec jsem se musela zase soustředit na práci a ta nádherná víla mi zmizela z dohledu. Existují také rusalky, což jsou vodní víly a mořské panny, které dohlížejí na rostliny na dně moře. Duchové Země jsou trpaslíci, kteří pracují s kameny, minerály a drahokamy.

Tito duchové jsou tvořeni jen jedním elementem, ne jako lidské bytosti, ve kterých jsou obsaženy všechny čtyři: Vzduch, Voda, Oheň a Země. Jakýkoli z těchto duchů může být velmi zlomyslný. Vyplatí se nám, abychom s nimi zacházeli s patřičnou úctou.

Existují dva paralelní proudy evoluce. Jeden je andělský. Ti vývojově mladší, kteří patří do tohoto proudu, jsou duchové, ze kterých se nakonec přes různé stupně vývoje stanou andělé. Dohlíží na ně Vládci Karmy, ale nejvyšší dozor nad nimi má božská Prapodstata.

Druhá vývojová nit je ta, ve které se vyvíjejí zvířata a lidské bytosti. V hierarchii nad námi jsou duchovní vůdcové, kteří jsou pod vládou Vyšších Mistrů a ti se opět zodpovídají božské Prapodstatě.

Když ctíme svět přírody, pomáháme andělům, a podle duchovního zákona zase na oplátku pomoc získáváme.

KAPITOLA 24

Brány mezi dimenzemi

Všechny hory, řeky, skály a stromy mají svého vlastního anděla, který je střeží a samozřejmě dohlíží na duchy, kteří v nich žijí.

Když pociťujeme vnitřní sílu nějaké hory nebo vodopádu, naladili jsme se na anděly, kteří takové místo střeží.

Na planetě Zemi existují silová místa, ke kterým jsou lidé přitahováni právě z toho důvodu, že se tam cítí být klidní a uvolnění. Obyčejně jsou to místa přírodních krás, která navozují pocit úžasu a posvátné úcty.

V Avebury jsem prožila jeden nečekaný zážitek. Avebury je srdeční čakra planety a jedna ze silových míst v Anglii. Když jsem meditovala u jednoho ze stojících kamenů, vyslala jsem tichou modlitbu, abych uviděla anděla Avebury, který toto místo střeží. Okamžitě se ve mně objevil pocit nezměrné síly, velikosti asi třech mrakodrapů – zcela nekonečný. Obklopilo mě to a nebyl to ten teplý jemný pocit andělů, se kterými jsem se až dosud setkala. Byla to velmi intenzivní, ochranitelská a mocná síla – pozitivní síla pro ty, kdo mají dobré úmysly, ale bylo jasné, že není dobré se s ní jakkoli zaplétat. Měla jsem pocit, jakoby mě to tlačilo dovnitř kamene. Poznala jsem potom něco z moci andělů.

Některé z takových silových bodů představují „interdimenzionální" brány, kterými lidské bytosti a bytosti jiných dimenzí spolu mohou snadněji komunikovat. Bytost u jedné z těchto bran nás otevírá pro dojmy, vize, záblesky intuice a jiné formy duchovních poselství.

Valnou většinou těchto „interdimenzionálních" bran je možné projít jen jedním směrem; jinými slovy, vyšší bytosti mohou projít vírem, aby s námi komunikovali. Několika branami je možné projít oběma směry. Můžeme jimi přijímat vesmírná poselství a stejně tak je do vesmíru předávat. Stonehenge v Anglii představuje jedno takové obousměrné komunikační centrum, které bylo v dnešní dny opět otevřeno. Nejmocnější „interdimenzionální" branou na planetě Zemi je Maccu Picchu v Peru.

Jediným vchodem, který mají mimozemšťané k naší zemi, jsou právě tyto brány. Dokonce i pro anděly je jednodušší využít k přístupu na naši planetu těchto otevřených vstupů. Nicméně, pokud tyto brány, cenná vstupní místa, nebudeme ochraňovat, mohou jimi projít temní andělé a negativní mimozemšťané. My jsme s dodáváním světla a ochraňováním těchto mocných „interdimenzionálních" míst už bohužel přestali.

Původně byly tyto vstupní brány místy, která byla ceněna jako nejposvátnější a nedotknutelná, a bylo o ně pečováno různými ceremoniemi a láskou speciálně vyškolených zasvěcenců. Nyní je zanedbáváme.

Nedávno jsem se s přáteli vydala na Maccu Picchu. Měli jsme hrozné sny, což byly, jak nám bylo řečeno při návratu, temné síly, které na nás útočily. Nicméně jsme byli informováni o tom, že se tato oblast rozpustila ve světle, které jsme sebou vzali, jako vyprahlá zem reaguje na jemný deštík. Zlatým hřebem celého výletu bylo pro mě meditování a vyslovování mantry Óm na Macchu Picchu. Cítila jsem, jak ve mně vzrůstá energie.

Pokud lidé, kteří s těmi nejlepšími úmysly a duchovním zaměřením navštíví, nebo jen myslí na místa, jako je Stonehenge, Macchu Picchu a jiné vstupní brány, jejich světlo automaticky pomáhá tyto důležité vchody chránit. Těmito branami můžeme také nalít lásku a světelnou energii do vesmíru.

Všechny kruhy v obilí tvoří a umisťují tyrkysoví andělé komunikace. Kruhy v obilí představují symboly. Kdykoli vidíme jejich fotografie v novinách, nebo je zahlédneme na televizní obrazovce, jsou tyto symboly klíčem, který slouží k odemčení vesmírných informací v našich myslích. Není zapotřebí, abychom vědomě rozšifrovali každý symbol, protože tato poselství fungují podvědomě.

V roce 1996 byl vytvořen naproti Stonehenge obrovský kruh v obilí. Bylo mi řečeno, že to zde bylo vytvořeno proto, aby došlo ke zvýšení energie této „interdimenzionální" brány. Zakódované poselství tohoto symbolu se týkalo „intergalaktického" cestování. Vyzývalo lidi, aby prošli touto branou do spánkového stavu a cestovali mezi galaxiemi, a tak se mohli dozvědět něco o nekonečnosti vesmíru. Rozšířilo by to lidem jejich vědomí.

Kdykoli si lidé sednou doprostřed takového kruhu vytvořeného v obilí, spojí se s anděly.

Během posledních několika tisíců let bylo velkému množství temných sil, nebo zlých sil, jak je někteří lidé nazývají, umožněno přijít blíž, díky tomu, že jsme zanedbávali posvátné ochranné rituály a díky ohromnému množství negativity a obav, které lidstvo na planetě Zemi vyzařovalo. Naše temnota je potravou pro vědomí temných andělů a udržuje je kolem nás naživu a v aktivním stavu. Nicméně, pokud kolem sebe nevysíláme své vlastní obavy a negativitu, nemohou na nás mít jakýkoli vliv.

Mnoho světelných bytostí a andělů, kteří si tolik přejí k nám přistoupit a pracovat s námi, potřebuje k tomu, aby se k nám mohli přiblížit vyzařování vibrace lásky. Energie lásky, kterou kolem sebe vysíláme, představuje pro anděly kromě jiného také potravu a podporu. Potřebují lásku a podporu stejně jako my. Když skrze takové brány vysíláme do vesmíru lásku, vděčnost a jiné vyšší vibrace, posíláme tím výzvu vyššímu vědomí, aby k nám přišlo.

V současné době pozvedání úrovně vědomí na planetě Zemi je nezbytné, abychom vysílali světlo po nitkách, které nás spojují s ostatními planetami a galaxiemi. Země tak bude moci být přeorientována a bude moci zaujmout ve vesmíru správné místo. Mnohem efektivněji to můžeme provozovat přes „interdimenzionální“ brány.

Samozřejmě je možné, abychom vyslali jen tolik lásky, světla a vyšší energie, kolik jsme v daném okamžiku schopni. Když ale pomocí těchto bran voláme po větší lásce a pomoci, jde naše volání hlouběji do vesmíru, kde na ně odpovídají vysoce vyvinuté světelné bytosti.

Když žádáme anděly o pomoc, nasměrují naše paprsky lásky a světla na ta nejlepší možná místa.

Světlo znamená duchovní znalost a informovanost.

Temnota je absence světla.

Žití v temnotě doslova znamená postrádání duchovních znalostí.

Silové body jsou těmi správnými místy, pokud si přejeme otevřít se mnohem rychleji světlu.

KAPITOLA 25

Hierarchie andělů

Předpokládá se, že andělé byli božskou Prapodstatou stvořeni dříve, než byly do vesmírného schématu věcí přidány lidské bytosti. Když byli lidé stvořeni, byli vysláni někteří z andělů nižšího stupně, aby o nás pečovali.

Ohledně andělské hierarchie existují odlišné názory. Obecně se předpokládá, že jsou tři hierarchie a v každé z nich existují tři úrovně.

První a nejvyšší sféru představují serafíni, cherubíni a trůnové.

Druhou sféru představují andělské kůry, náboženské síly a mocnosti.

Třetí a nejnižší sféru představují knížectva, archandělé a andělé.

Nejvyšší úroveň tvoří v andělské hierarchii serafíni, jejichž podstatou je ryzí láska. Jsou to božské zástupy, které neustále pějí chválu na Pána tvorstva, a tak udržují vibraci tvoření. Směrují božskou energii, která tryská přímo z božské Prapodstaty. Takovou úroveň Boží síly mohou přijímat pouze tyto energicky nejvyšší bytosti.

Cherubíni, andělé moudrosti, kolem sebe rozprostírají nepředstavitelné světlo. Jsou to strážci hvězd a blankytně modré oblohy. Bylo nám řečeno, že když Adam a Eva upadli v nemilost, ustanovil

Bůh jednoho cherubína, aby stál před zahradou Edenu a střežil cestu vedoucí ke stromu života.

Trůnové se starají o planety a jsou jejich strážci. Andělé, kteří mají na starosti naši planetu Zemi, jsou tedy trůnové. Ezechiel, židovský prorok, je popsal jako planoucí pochodně nebo hořící uhlíky ohně. Jsou často vykresleni tak, že mají mnoho očí nebo dokonce kol.

Tato trojice – serafíni, cherubíni a trůnové přijímá osvětlení přímo z božské Prapodstaty a přeměňuje toto světlo tak, aby mohlo být přeneseno na úroveň, která je přijatelná pro nižší vesmírné řády.

Andělské kůry jsou božskými vysokými úředníky, kteří dohlížejí na ty v království andělů, kteří jsou na nižším stupni než oni. Představují kanály milosrdenství, a i když se jen zřídka dostávají do spojení s lidmi, pomáhají usnadňovat přechody mezi duchovním a materiálním světem.

Náboženské síly vysílají ohromné paprsky světla ve formě, která je přijatelná pro lidské bytosti. Jsou to andělé, díky nimž se dějí zázraky. Když skupiny pozvednou svoje uvědomění a naladí se na andělskou energii, získají přístup k jezeru informací, které vyzařují tyto síly. Takové uvědomění napomůže vzestupu vědomí pro New Age.

Možná jsme ještě nikdy neslyšeli o mocnostech, ale většina z nás už slyšela o andělích narození a smrti. Anděl zrození, který nás s láskou obejme v momentě našeho narození, je mocnost stejně jako anděl, který nám radostně pomáhá s přeměnou našeho lidského těla na světelné tělo v okamžiku naší smrti. Tito andělé pomohou lidským bytostem, pokud se poté, co opustí svá lidská těla, ztratí v astrálních planetách. Vládci karmy, kteří se starají o všechny karmické záznamy, jsou mocnosti. Střeží svědomí lidského rodu. Existují také Vládci skupinové karmy, národní karmy, světové karmy a vesmírné karmy.

Knížectva se starají o města, národy, multinárodní korporace a jakékoli obrovské uspořádání lidí a chrání je. Stejně jako všechny andělské zástupy i oni pracují v celém vesmíru a Země je velmi malá část jejich sféry působnosti.

Dále jsou to archandělé. Jsou to vůdci andělských houfů. Dohlížejí na ohromné projekty týkající se světla. Ve vesmíru jsou miliony archandělů a ti, kteří jsou nejvíce spojeni se Zemí jsou Michael, Gabriel, Rafael a Uriel. Bible se zmiňuje jen o třech z nich. Je to Gabriel, jehož jméno znamená „Hrdina boží“ nebo „Bůh je moje síla“, Rafael znamená „Bůh uzdravitel“ a Michael znamená „Ten, co je jako sám Bůh“. Archanděl Michael je často brán jako válečnický anděl a je také strážcem osamocených cestovatelů.

Jméno Uriel znamená „Oheň boží“ a je to právě archanděl Uriel, kdo předal lidstvu kabalu, hebrejskou mystickou tradici.

Archandělé mají své domovy v mezihvězdném prostoru kolem planety Země. Před tím, než se večer uložíme ke spánku, můžeme požádat o to, abychom byli do jednoho z těchto domovů vzati k očištění a pro pomoc, které je potřeba.

Domov archanděla Michaela je v Banffu v Albertě v Kanadě, zatímco archanděl Uriel je v Tatrách, na jihu Krakova, v Polsku a archanděl Rafael přebývá ve Fatimě v Portugalsku. Archanděl Gabriel je na hoře Shasta v Kalifornii.

Můžeme požádat o to, abychom mohli být vzati do obydlí archanděla Jophiela, který je na jihu Velké zdi blízko Lanchowa na severu střední Číny. Jeho jméno znamená „Božská krása“. Chamuel, „Ten, který viděl Boha“ přebývá v St. Louisu, v Missouri, v USA. Archanděl Zadkiel, „Spravedlnost boží“ je na Kubě.

Íránský archanděl Voku Monak zjevil Zarathuštrovi poselství od Boha před 2500 lety. Zarathuštrovci řekli, že šest archandělů střeží přítomnost Ahura Mazdy, který je známý jako Pán světla nebo Moudrý lord. Tito archandělé zosobňovali Dobrý vítr, Vznešenou pravdu, Vytoužené království, Zbožnost, Bezpečnost a Nesmrtelnost. Říkalo se, že Ahura Mazda létá na světelném talíři, a tak je také vyobrazen na starobylých dřevorytech.

V islámu stojí v čele andělské hierarchie archanděl Gabriel, který předříkával Mohamedovi korán. Súfisté islámských tajných škol jsou na anděly velmi silně napojeni.

Další archanděl, Moroni, napomáhal odhalení zlatých destiček s vyrytým božským písmem, které se staly Knihou Mormonů, a byly základem pro mormonské náboženství.

Strážní andělé, kteří pracují s lidmi, jsou vybíráni z nejnižší vrstvy andělů. Zatímco nás od narození střeží, jsou též po ruce, aby nás vedli a mnoha způsoby nám pomáhali, stačí je jen o to požádat. Mohou nám usnadnit naši životní cestu, skrze nás léčit, inspirovat nás, naplňovat nás vyšší energií a pracovat s námi tak, aby vytvořili harmonický život a šířili kolem světlo.

Andělé jsou našimi strážci na Zemi. Každý máme svého osobního strážného anděla. Je to náš anděl – zapisovatel. Jinými slovy, náš strážný anděl zaznamenává naše myšlenky a skutky a naše karmické záznamy neustále doplňuje. Na to vše dohlížejí vládci karmy.

Andělé slouží na různých úrovních v celém vesmíru.

KAPITOLA 26

Andělé z Bible

Celou Biblí prostupují různí andělé, kteří mají různé funkce.

Andělští poslové

Nejznámější z nich jsou poslové, kteří se zjevili v době narození Ježíše Krista. Před tím, než se Marie provdala za Josefa, zjevil se jí anděl a řekl jí, že porodí syna, který bude Synem božím.

Josef nebyl k andělům vnímavý při plném vědomí, tak k němu jeden přišel ve snu a sdělil mu, že Mariino dítě bude Mesiáš. Pak se zjevil anděl pastýřům, aby jim pověděl, že se jim narodil Spasitel, a oni byli obklopeni celým houfem andělů, kteří zpívali: „Sláva budiž Bohu na nebesích a mír buď na Zemi."

Mudrci se vydali za zářící hvězdou až do chléva, ve kterém se Ježíš narodil. Byli požádáni Herodesem, aby mu pověděli, kde dítě je, ale andělé je varovali, aby se už k Herodesovi nevraceli, a oni tedy odešli ze země jiným směrem. Když Herodes ve zlosti nařídil zabít každého chlapce, kterému je méně než dva roky, Josefa opět varoval ve snu anděl. A tak uprchli se synem do Egypta.

Při jiné příležitosti se zjevili učedníkům dva zářící bílí andělé, aby jim předali poselství, že Ježíš byl vzat ze Země na nebesa – a že se tímtéž způsobem vrátí zpět.

Lidé byli k andělům na počátku křesťanství velmi vnímaví, stejně jako teď začínají opět být. Cornelius byl římský setník za dob Césara. Byl dobrým mužem, který se oženil s židovskou dívkou. Jednou uslyšel, jak ho nějaký andělský hlas volá jménem a říká mu, aby šel do Šimonova domu, kde se ubytoval Petr.

Mezitím se Petr modlil na střeše a měl vidění. Uviděl abnormálně obrovské prostěradlo zavázané za rohy a naplněné všemi možnými druhy zvířat včetně prasat, koz, ovcí, vlků a slepic. Nějaký hlas mu řekl, aby si vybral a jedl.

Petr byl žid a nesměl jíst podle židovského zákona maso. Řekl to nahlas. Andělský hlas mu odpověděl: „Co řekne Bůh, že je správné, nechť žádný smrtelník nenazve nesprávné.“ Znovu měl ještě dvakrát to stejné vidění a slyšel tatáž slova. Když sešel se střechy, tloukli na dveře římští vojáci. Anděl mu sdělil, aby s nimi šel a ničeho se neobával, protože byli posláni Ježíšem.

Vojáci ho zavedli ke Corneliovi, který ho úpěnlivě prosil, aby učil a pokřtil všechny lidi, které shromáždil. Většina starších lidí byla zděšena. Mysleli si, že ti, kdož nejsou židé, by se neměli stát křesťany. Nicméně Petr si pamatoval, co mu řekl anděl: „Co Bůh nazve, že je správné, nechť žádný smrtelník nezpochybní.“

Připomněl starším, že Bůh nikoho nerozlišuje. Bylo slyšet prudký závan větru, což byl pravděpodobně zvuk andělských křídel, a vidět ohnivé jazyky, které se mihotaly nad zástupem lidí.

Andělé zachránci

Andělé skutečně zachraňují lidské bytosti před nebezpečím. Daniel byl umístěn do doupěte rozzuřených lvů, kde by byl zahynul vyhladověním, i kdyby ho tito lvi nezabili. Avšak k farmáři jménem Habbakuk, který právě zabalil košík s jídlem, byl seslán anděl. Tento anděl jej zanesl i s košíkem do lvího doupěte, kde tento zděšený farmář předal Danielovi jídlo.

Je pravděpodobné, že tento anděl nemusel zachraňovat Daniela ze spárů lvů, neboť by to byl jinak určitě udělal. Ve starých dobách byli zasvěcenci školeni v chrámech, aby dokázali své myšlenky naprosto zklidnit a zbavit se jakéhokoli strachu, a mohli tak ovládat lvy, hady nebo jiná stvoření. V určitém období svého života musel i Daniel takovým školením projít.

Když byl králem v Babyloně Nebúkadnesar, tři židé, kteří se jmenovali Šadrak, Méšak a Abed-neg, odmítli uctívat obrovskou sochu, kterou dal postavit. Bylo jim řečeno, že jestli nebudou tento idol ctít, budou svázáni řetězy a vhozeni do ohnivé pece.

Když i nadále odmítali, byli do této rozžhavené pece skutečně vhozeni. Místo obvyklého křiku, který vydávají lidé, kteří jsou upalováni, slyšeli přihlížející hodnostáři jen zpěv. Zbledlý Nebúkadnesar ukázal do plamenů a řekl, že viděl ty tři muže a nějakého anděla, jak chodí v plamenech a zpívají.

Král jim přikázal, aby vyšli ven, a oni vystoupili z plamenů. Oheň roztavil řetězy, které pak odpadly. Jejich těla, vlasy i oděv byly nedotčeny a místo spáleného masa bylo cítit pouze vůni květin.

Andělé ničení

Existují také andělé ničení. To, co je staré a špatné, je ničeno proto, aby to udělalo cestu novému a dobrému. To je též úkol Šivy, hindského boha (nebo anděla).

Bylo jedno město, které se nazývalo Sodoma. V tomto městě kvetly všechny druhy chlípnosti a prostopášnosti. Abraham naléhal na Boha, aby neničil ani ty čestné dobré lidi a ani ty zkažené. Bůh slíbil, že když bude nalezeno deset čestných lidí, všichni lidé z tohoto města budou ušetřeni. Avšak v Sodomě byl nalezen pouze jeden čestný člověk, který se jmenoval Lot, a tak boží andělé zničili celé město.

Nyní se mohou lidé domnívat, že danou oblast zničilo přírodní zemětřesení, ale tito andělé dohlížejí na celou přírodu včetně všech zemětřesení.

Andělé pomoci

Dokonce i v biblických dobách sešel archanděl dolů na zem přestrojený za lidskou bytost, aby pomohl dobrým lidem, a vyslyšel tak jejich modlitby. Tobit pomáhal chudým a postiženým a byl právě jedním z těchto dobrých lidí. Jednou v noci oslepl, a tak už nemohl pracovat, a on i jeho rodina začali být velmi chudí. Modlil se, aby mu byla seslána pomoc.

V té samé době žil v jiném městě jiný dobrý člověk. Byla to žena, jmenovala se Sára, a momentálně se ocitala ve značných potížích. Už se sedmnáckrát vdala, a pokaždé byl její nový ženich ráno nalezen mrtev! Nikdo nevěděl, proč tomu tak je, snad jedině, že je zabíjí sám ďábel. A tak chudák Sára stále musela žít u rodičů, a nikdo si ji nechtěl vzít. Modlila se, aby jí byla seslána pomoc.

Modlitby Tobita i Sáry došly až k Bohu a archanděl Rafael byl vyslán na Zemi v lidském přestrojení, aby jim oběma pomohl. Bůh připomenul Tobitovi, že jeho bratranec, což byl otec Sáry, je mu dlužen stříbrňáky. Tyto peníze by značně napomohly jeho finanční situaci. Bůh Tobita také přesvědčil o tom, že jeho syn Tobiáš může jet do tohoto vzdáleného města a donést je.

Archanděl Rafael převzal roli poháněče velbloudů, kterého si Tobiáš najal, aby ho převedl přes poušť, a on tak mohl peníze donést. Po cestě se šel Tobiáš omýt k široké řece. Z vody vyskočila třpytivá ryba a Rafael mu řekl, aby vzal do malého uzavřeného hrnku její játra, srdce a žlučník.

Když konečně došli k rodině Sáry, její otec mu nejen předal všechno stříbro, ale požádal Tobiáše, aby si vzal jeho dceru za ženu. Tobiáš se nechtěl stát osmým mrtvým manželem, a tak požádal svého sluhu o radu. Rafael mu poradil, aby si dívku vzal, a řekl mu, aby použil speciální spiritistickou ochranu – spálil srdce a játra z té ryby. Tobiáš přiložil na oheň a srdce i játra spálil, tak jak mu Rafael řekl. Když ďábel vstoupil, byl zapuzen smradem pálících se vnitřností, a nemohl tak Tobiášovi ublížit. Pak jej Rafael dostihl a zdolal ho.

Mladá dvojice se vydala zpět přes poušť do Tobiášova domova. Před tím, než se Tobiáš znovu setkal se svým otcem, řekl mu Rafael, jak může svého otce zbavit slepoty pomocí žlučníku z ryby. Když se otci vrátil jeho zrak, poznal v Rafaelovi anděla. Poté Rafael zmizel.

Andělé neustále naplňují Boží rozkazy.

Kapitola 27

Andělé v kostelech

Většina z nás už někdy vešla do kostela nebo katedrály a pocítila naprostý klid a mír. Je to díky tomu, že andělé v posvátných místech tuto energii po staletí hromadí.

Anděl nějakého kostela může být také velmi ochranitelský. Jedna moje přítelkyně se rozhodla, že prožije velmi tiché Vánoce v meditaci. Vešla do kostela, aby zde o samotě poseděla. Hned jak vešla, pocítila přítomnost zlatého anděla, který vyplňoval celý kostel. Vyprávěla mi, že přímo cítila, jak je silný a mocný. Tento zážitek ji ale nenaplňoval strachem. Spíše ji uklidňovala představa, že tento anděl je tak ohromný a tak ochranitelský. Cítila se být touto energií objata a v bezpečí. Takový zážitek prožila jen jednou v životě.

Lidé prožívají často spirituální nebo andělské zážitky venku v přírodě. Děje se tak proto, že tito andělé nás ani nesoudí, ani nekritizují. Tím, že jsme obklopeni pouze anděly stromů, skal, hor a vodních proudů, kteří nás akceptují takové, jací jsme, jsme v bezpečí. Když toto bezpečí a jistotu pociťujeme, můžeme se zcela uvolnit. Stane se tak, když se otevřeme vyšším dimenzím.

Podobný pocit bezpečí můžeme prožít v kostele, nebo abychom byli přesnější – v budově užívané k duchovním účelům. Když jsou taková shromáždění natolik duchovní, že nesoudí a vše akceptují, je takové místo prodchnuto mírem, který nám umožňuje zklidnit naši mysl a otevřít svá srdce.

Ve světě je spíše více hluku, disharmonie, vzrušení a násilí. Pokud jsme neustále něčím zaměstnaní a rozptýleni, nikdy nemůžeme najít cestu, vedoucí k božské Prapodstatě. Kostely a chrámy jsou obyčejně tichá mírupIná místa, kde můžeme sestoupit do svého středu.

Abychom se mohli napojit na svoji intuici, musíme se vnitřně zcela utišit. Abychom nalezli svoji moudrost, musíme naslouchat v tichu. Když si každý den sedneme a vnitřně se ztišíme a zklidníme a budeme prožívat vnitřní mír, ukáže se nám naše cesta vpřed a současně bude i snadnější. Právě tehdy, když se napojíme na božskou Prapodstatu, nalezneme skutečné povzbuzení pro svoji duši. Naše prázdnota může být naplněna láskou v okamžiku, kdy ztišíme své srdce i mysl.

Když se zklidníme, utišíme a sestoupíme do svého středu, začneme okolo sebe vyzařovat tak nádherné vlny míru, že se lidé budou chtít koupat v našem moři harmonie.

Andělé přírody, kostelů a skutečně duchovních míst pomáhají zklidňovat a utišovat sužovanou mysl a srdce. Poskytují tiché bezpečné místo, kde k tomuto napojení může dojít.

Jeanne Sladeová, jejíž příběh jsem vyprávěla v kapitole 7, odjela v současné době do katedrály Domo ve Florencii. Stála ve skupině lidí v zadní části Domo a relaxovala v energii, která zde byla přítomna. Na levé straně katedrály necítila nic. Náhle uvnitř sebe začala prožívat velmi silný pocit a její oči byly přitaženy k nějakému místu na pravé straně. Z pravé strany vyzařovala tak abnormálně silná milující energie, že cítila, že je tím úplně přikovaná. Tato energie dosahovala až ke stropu a vyplňovala celý prostor. Navzdory pocitu zklamání, že tohoto obrovského anděla nedokázala spatřit, cítila jeho milující přítomnost tak silně, že měla ve svém srdci pocit, jako by bylo otevřeno a rozšířeno.

Když se uvolníte v andělské lásce,
vaše srdce budou otevřena.

KAPITOLA 28

Temní andělé

Po mnoho let nám byly předkládány historky o padlých andělech, kteří se postavili na odpor Bohu a stali se z nich zlí a pomstychtiví andělé. Známe je pod jmény, jako jsou například Lucifer, Satan, Mefistofeles, Samuel nebo Belzebub.

Všechna náboženství se zmiňují o temných andělech nebo božcích, kteří svádí ke zlému nebo ničí. Jsem přesvědčena o tom, že tyto temné síly mohou získat důvěru pouze na Zemi, planetě svobodné volby a duality.

V Izajášovi říká Bůh: „Stvořím Světlo a Temnotu." Pán tvorstva byl vždy považován za původce tvoření i ničení. Jen dvě stě let před narozením Ježíše Krista se víra rozštěpila a vznikla tak větev, hlásající zlo, které se stavělo na odpor Bohu.

Prapodstata je všemohoucí, je to světlo. Bůh se zlem nebo s ďáblem nesoupeří, ale spíše jim dovoluje, aby sloužili Jeho cíli.

Populární legendou se stal příběh, kdy Lucifer, Serafín, Nositel světla a boží vyvolenec se vzepřel proti Jeho vládě. Bůh uvrhl tohoto rebela do propasti a třetina andělského houfu s ním zběhla ze „světla". Stali se z nich tak temní andělé, kteří svádějí lidi ke konání zla.

Konečně, všichni andělé slouží Prapodstatě. Není možné, aby archandělé zběhli. Andělé a archandělé proti Pánu tvorstva nepovstávají. Naopak nabízejí své služby Bohu, a v rámci těchto služeb pak zkouší a vyzývají ty, kdož žijí na planetě Zemi. Země je unikátním místem a božská Prapodstata se rozhodla zde zavést experiment se svobodnou volbou. Jak jinak a lépe se mohou lidské bytosti vnitřně rozvíjet a učit se na základě zkušeností než díky tomu, že mají svobodnou volbu?

Důvod pro tento experiment je nasnadě. Stav dokonalosti není stavem, který umožňuje další růst. K tomu, aby mohlo docházet k dalšímu vývoji, je zapotřebí různých výzev. Bez jangu neexistuje jin, bez negativního není pozitivní, neexistuje ženský rod bez mužského. Země tak byla tedy ustavena místem svobodné volby, kde se mohou bytosti naučit dát do rovnováhy materiální a duchovní svět. Tím, že bytosti, které se na Zemi inkarnují, zakusí obě polarity, rozšíří se úroveň jejich vědomí a až se vrátí zpět Domů, obohatí tak božskou Prapodstatu.

Když ustanovila Prapodstata tuto zónu svobodné volby, nebylo zapotřebí ničeho menšího než velkého archanděla, aby nad tímto božským projektem dohlížel. Jsem přesvědčena o tom, že se archanděl Lucifer přihlásil jako dobrovolník, aby celý tento experiment svobodné volby vedl. Je nám neustále sdělováno, že bude Lucifer jednoho dne opětovně dosazen na své původní místo. To se stane tehdy, až všichni na planetě Zemi pozvednou úroveň svého vědomí a integrují v sobě svůj stín. Pak teprve bude jeho úloha naplněna.

Lucifer a jeho dobrovolníci se vědomě zřekli svého spojení s Prapodstatou, aby se mohli tohoto experimentu se svobodnou volbou zúčastnit. Jakmile se Lucifer ocitl v temnotě, sklouzl k negativnímu pólu a využil svoji enormní moc pro zlo a svody.

Pán tvorstva vydal rozhodnutí, že všichni, kteří se na Zemi inkarnují, mají svobodnou volbu zvolit si své myšlenky a činy. I když jiskra božskosti v nás přetrvává, vzpomínky na naše božské dědictví se zcela uzavřely. Tak máme tedy na Zemi naprostou svobodu myslet pozitivně nebo negativně a dělat špatné nebo dobré skutky. Náš růst závisí na naší osobní volbě. A co víc, cokoli si myslíme, děláme nebo v co věříme, se v našem životě odráží a vrací se nám zpět. To znamená, že každý z nás si utváří svoji vlastní individuální skutečnost. Když změníme svá přesvědčení, myšlenky nebo činy, univerzální energie k nám tyto změny vysílá zpět, a my tak změníme svůj život.

Jinými slovy, na Zemi se náš vnitřní svět projevuje ve vnějším světě. To nám dává maximální možnost duchovně růst. Rosteme tím, že se stavíme čelem k testům, které jsou nám předkládány. Pokaždé, když se rozhodneme pro správné myšlení nebo správný skutek, rosteme lehčeji. Na místech, kde neexistuje možnost svobodné volby, je růst pomalejší.

Temnota, negativita nebo zlo představují absenci světla nebo nedostatek spirituálního vědomí. Když se ocitneme v temnotě, cítíme se být odtrženi od Prapodstaty. To přináší utrpení a je to právě a pouze trpící bytost, která ublíží jinému.

Oddělenost od světla vede k pocitům viny, strachu a sebeklamu. Když zapomeneme na existenci Prapodstaty nebo věříme tomu, že jsem osamoceni a odděleni, jsme závislí na druhých a visíme na nich. To znamená, že se je falešně pokoušíme uspokojit nebo je ovládat, abychom se vyhnuli pocitům osamění. A temnota uvnitř nás tak dále vzrůstá.

To, že zapomeneme na duchovní pravdu, má za následek, že lidé činí rozhodnutí, aby ubližovali ostatním, ničili planetu, zaměřovali se na materiální vlastnictví a jejich myšlenky byly temné a plné zla. Temní andělé jsou touto negativitou živi a jejich moc vzrůstá.

Je velmi těžké nenechat se ovlivnit negativitou, když jsme v hmotném těle. Dokonce i pro ty nejčistší duše je velmi složité odolat temnotě naší planety. Navzdory nebezpečí, že bude naše světelné bytí na této planetě pohlceno temnotou, čekají duše z celého vesmíru, aby se mohly na Zemi inkarnovat, neboť jim naše planeta nabízí zcela jedinečné možnosti a výzvy.

Ti, kteří upadnou do přílišné negativity, nebo se uzavřou pravdě, budou obvykle pokračovat na své cestě až do té doby, dokud nebudou pociťovat takové utrpení, že začnou volat o pomoc. Andělé Světla na takové volání odpoví a pomohou jim vrátit se na cestu zpět k Prapodstatě.

Tak jako andělé Světla využívají svoji moc k tomu, aby lidem pomáhali, povzbuzovali je a osvobozovali, temní andělé se snaží svádět ke zlu, našeptávat myšlenky zloby a ničení a lidské bytosti oslabovat. V zóně svobodné volby na planetě Zemi udělají temní andělé cokoli, dokonce i personifikují anděly světla, aby dosáhli svého cíle. Nejlepší ochranou proti temným hlasům nebo svodům je zdravý rozum a bystrý úsudek a stejně tak i dobré úmysly a pozitivní myšlení – a vždy také naslouchání tichému hlasu svého svědomí.

Pokud se nám zjeví nějaký anděl nebo jakákoli jiná bytost, je vždy správné zjistit, jestli pocházejí skutečně ze světla. Vhodné oslovení může být například: „Ve jménu Božím a jeho svátosti, jsi anděl světla?“ Toto opakujte třikrát za sebou. Pokud zní pokaždé odpověď „ano“, pak je přijměte. Velké duchovní zákony vesmíru jim ukládají, že musí mluvit pravdu, pokud jsou třikrát vyzváni ve jménu Božím.

Skuteční andělé září zlatě. Tato barva se odráží v tom, co vám šeptají do vaší mysli. Pokud je to, co nám šeptají plné lásky a harmonie, spravedlnosti a přijetí, jsou to světelní andělé. Světelný anděl v nás vždy zanechá pocit tepla a míru.

Andělé světla říkají: „Následuj své srdce. To je tvůj vyšší cíl.“

Mají světelní andělé svobodnou volbu? Odpověď zní: ne. Andělskou největší touhou je sloužit Bohu – činit vůli Pána tvorstva. To omezuje volbu. Až my, lidské bytosti, pozvedneme svoje poznání natolik, že naší jedinou touhou bude následovat vůli Prapodstaty, pak už nebudeme toužit po takové svobodě, která vede k sebezničení.

Nikdy nesmíme zapomínat, že nad celým projektem vždy dohlíží Božská inteligence a světlo je vždy mocnější než temnota. Žádné temné síly se nás nemohou dotknout, pokud jsme napojeni na světlo.

Během experimentu se svobodnou volbou, překročily lidské bytosti hranice toho, co je dovoleno. Ničíme jeden druhého a planetu. To vysvětluje, proč se zde nyní koná tak obrovská záchranná mise vedená anděly a jinými světelnými silami, kteří nám mají pomoci. Je imperativem, abychom se uvolnili, naplnili se důvěrou a vnitřní rovnováhou a zklidnili se proto, aby si mohli tyto bytosti přiblížit.

Stejně jako lidské bytosti i temní andělé, kteří se oddělili od Prapodstaty, aby uskutečnili tento experiment, mají svobodu, aby dělali, co si přejí.

Světelní andělé nemají svobodnou volbu, protože jejich jedinou touhou je sloužit vůli Pána tvorstva.

KAPITOLA 29

Andělé záchranáři

V období nebezpečí se lidé obracejí k duchovnu. Pro mnohé z nás musí nastat život ohrožující situace, aby připomněla, že všude okolo existuje pomoc. Možná proto se v ozbrojených silách nalézá tolik andělů! Například chápu, že v námořní základně v Kalifornii je nádherné barevné sklo, představující archanděla Gabriela.

V době první světové války se rozšířily zprávy o zjevení andělů ve městě Mons. Zdá se, že když byli Britové poraženi Němci, objevili se nad vojsky andělé, které viděly stovky vojáků. Podle zpráv viděli někteří jednoho anděla, zatímco jiní jich viděli celé houfy. Nicméně všichni souhlasí s tím, že tito andělé zasáhli, aby britskou armádu povzbudili a dali jí čas k tomu, aby se osvobodila.

Jsem si jista, že tito andělé vyslyšeli miliony modliteb, které k nim byly vyslány jak těmi na bojišti, tak těmi, již čekali doma. Tyto bytosti světla podpořily svobodu proti agresi a nadvládě.

Během bitvy o Británii letadlo, jehož posádka byla zabita, pokračovalo v boji. Velitel letectva maršál Lord Dowding byl přesvědčen o tom, že toto letadlo navigovali andělé.

Když jsem psala tuto knihu, vyprávěla mi jedna moje přítelkyně, že její otec se ve svých osmnácti letech setkal s andělem. Nikdy se jí o tom nezmínil, ale vyprávěl to její matce, která jí o tom o několik let později pověděla.

Stalo se to, když jel na své první motorce. Motorka dostala v dešti smyk a on vyletěl do vzduchu. Když přijela sanitka, byl napůl v bezvědomí. Když se jej pak chystali naložit do sanitky, uslyšel jemný třepetavý zvuk křídel a pocítil nádherně teplou bezpečnou přítomnost nějakého stvoření, které ho jemně zvedlo spolu s muži ze sanitky. Věděl, že to je anděl, a že bude zase v pořádku.

Zajímalo by mě, jestli to nějak změnilo jeho život a jestliže ano, tak jak? Nebo, stejně jako většina ostatních, odsunul tento zážitek na samé dno své mysli a zavřel za ním dvířka?

Než se znovu narodíme, projednáváme smysl svého následujícího života s vládci karmy, s těmi, kteří v andělské hierarchii dohlížejí nad bilancí naší odpovědnosti. Vybíráme si čas svého narození podle dostupnosti rodičů, vhodných pro zkušenost, kterou potřebujeme. Rozhodujeme o planetárních aspektech, které na nás budou mít vliv. Více vyvinuté duše jsou pečlivější ve výběru podmínek své inkarnace, a z tohoto důvodu mají méně možností výběru.

Předem si určíme délku svého života a čas svého návratu. Naše rozhodnutí může být později pozměněno určitými volbami, které ve svém životě činíme. Pokud například dovolíme svému hmotnému tělu, aby se díky špatné stravě ocitlo v „havarijním stavu“, je možné, že už nebude nadále schopno zajistit příjemný a dostačující přístřešek pro naši duši. Pokud ztratíme vůli žít, můžeme tuto planetu opustit dříve, než jsme si předurčili. Samozřejmě sebevražda je často předčasným únikem, jak se vyhnout našemu poslání na Zemi, ale taková sebevražda má různé formy. Lidé se upíjejí k smrti. Podstupují absurdní nebezpečí proti své intuici. Umírají na zlomená srdce. Vysílají tak mocné negativní myšlenky, že onemocní. Můžeme zemřít dříve, než jsme se rozhodli pouze v případě, že po tom dostatečně silně toužíme. Andělé nám mohou pomoci pouze v rámci naší svobodné volby.

Pokud předčasně ukončíme své poslání na Zemi, musíme jej znovu naplnit za podobných podmínek a výzev. Pokud například odejdeme o deset let dříve, než dokončíme jedno minulé karmické vyrovnání dluhu, může být zapotřebí, abychom se vrátili na planetu Zemi pouze na těchto deset let, a svůj dluh tak splatili. V takovém případě zemřeme ve svém dalším životě jako dítě. Andělé nás podpoří ve všem, co si zvolíme.

Nicméně pokud ještě nenastal čas, abychom zemřeli, náš anděl nás bude chránit. Andělé to mohou dokonce dělat i přímo fyzickým způsobem. Existuje mnoho zpráv o tom, jak lidé cítili šum teplého vzduchu a cítili, že jsou tlačeni neviditelnou silou pryč od něčeho, co pro ně představovalo nebezpečí.

V době války bylo rčení, že pokud má kulka v sobě vepsáno tvé číslo, tvůj čas se naplnil. Pokud tvůj čas ještě nenadešel, jsi v bezpečí. Andělé tě ochrání.

Stále více lidí podává zprávy o zážitcích, kdy se ocitli v blízkosti smrti. Tyto příběhy jsou v různých kulturách a náboženstvích neuvěřitelně shodné. Nejvíce se to týká zpráv o tom, jak někdo prošel tunelem světla a pociťoval při tom nádherný pocit míru a lásky. Ale nějaký anděl, bytost světla, nebo nějaký hlas mu sdělil, že jeho úkol ještě nebyl ukončen a že se musí vrátit, aby jej dokončil.

V jiném případě anděl, nebo nějaké zářící moudré stvoření, které je pravděpodobně zplnomocněncem vládců karmy, mu ukáže zpětný pohled na jeho životní situaci a nabídne mu možnost se vrátit a život změnit.

Není žádných náhodných úmrtí,
neboť naši andělé nás zachrání,
pokud ještě nenastal čas našeho odchodu
z planety Země.

KAPITOLA 30

Andělská moudrost

Andělé slouží duši. Pravá spiritualita je mimo jakékoli náboženství, tudíž akceptuje a ctí všechny, navzdory skutečnosti, že se většina náboženství posunula daleko od ryzího poselství duše.

Pravá spiritualita hledí na horu a vidí, že každá cestička vedoucí nahoru k božské Prapodstatě je pro osobu, jež se po ní vzhůru vydala, správná – dokonce i bolest a nemoc, dokonce i utrpení a neštěstí takovou cestu představují. Bolest, nemoc, utrpení a neštěstí jsou často právě výzvami, které obracejí lidi k duchovnu. To nejhlubší zoufalství je často jámou, ze které lidé volají duchovno o pomoc.

Ti, kteří nevědomky pracují pro temnotu, bohužel často ve jménu Božím a náboženství, se snaží druhé ovládat, utiskovat a zbavovat je síly. Mohou říkat: „Vrcholu této hory můžeš dosáhnout pouze tehdy, jestli to učiníš tímto způsobem." Mohou dokonce i odmítnout poskytnout nějaké osobě pomoc, pokud tato osoba nejde v jejich šlépějích. Je to ovládání a manipulace, omezenost a nedostatek soucitu. Pokud se kdokoli pokouší někoho ve jménu Světla omezovat nebo věznit, dělá tak planetě Zemi medvědí službu, a samozřejmě si tak vytváří hrozivou karmu.

Lidé bojící se Boha, kráčejí v temnotě. Lidé, kteří Boha milují, rostou směrem ke Světlu.

Lidé obávající se andělů žijí ve stínu. Lidé, kteří anděly milují, tančí tanec radosti.

Udržováním lidí v nevědomosti je jim bráněno v přístupu ke světlu. Ti, kteří vědomě zatajují pravdu nebo ji překrucují pod záminkou, že ji lidé ještě nejsou připraveni slyšet, slouží temnotě. V průběhu celé historie byly posvátné a tajné texty ukrývány nebo ničeny.

V roce 553 na druhém koncilu v Konstantinopoli císař Justinian prohlásil, že je novým vtělením, tak jak je psáno v Bibli. Tento císař spolu s církví převzali násilím moc nad dušemi svých lidí. Až bude tato informace vynesena na světlo a posvátné zákony reinkarnace budou pochopeny, budou se lidé alespoň cítit být zodpovědní za svůj vlastní osud. Už nikdy více nebudou svěřovat jakýmkoliv autoritám moc prostředníků v náboženských hierarchiích, aby jim říkaly, co mají, nebo co nemají na své cestě ke světlu dělat.

Až bude tato pravda odhalena, budeme všichni vědět, že každý náš čin je zapsán naším strážným andělem do karmických zápisů a že my sami můžeme převzít zodpovědnost za náš osud.

Nepociťujte zlobu a nebuďte frustrovaní, až tyto řádky budete číst. Raději klidně požádejte anděly, aby pomohli vynést pravdu na světlo. Požádejte je, aby otevřeli mysl těch, kteří zodpovídají za ovládání lidí na planetě Zemi. Požádejte je, aby osvítili náboženské a světské vůdce.

Různá náboženství říkají lidem, co mají dělat a v co mají věřit. Spiritualita říká lidem, aby naslouchali svému vlastnímu vůdci a řídili se svým srdcem. Zanechává lidi svobodné, připomíná nám jen existenci nejvyšších hodnot, jako je nevinnost, láska, radost, soucit, integrita, bratrství, sesterství, mír a jednota. Dokonce, i jen vyslovení těchto slov v nás vznítí jiskru světla.

Ten, kdo káže o hrůzách pekelných a věčném zatracení, posiluje temnotu, a tudíž pro ni i pracuje. Takoví kazatelé přidávají do našeho vesmíru strach. Pokaždé, když vyslovíme slovo, které ztělesňuje ďábla, vibrace tohoto slova zvýší jeho moc. Dokonce i sprostá slova mají vibraci, která snižuje náš potenciál.

Na počátku patnáctého století byli kněží poskvrněni korupcí. Když k tomu došlo, přestali kněží vyznávat anděly, energii světla. Místo toho útočili na ďábla, posilovali jej a dovolili, aby nastaly hrůzy inkvizice. Bohužel když ale zabili čarodějnice, zabili tak ve skutečnosti léčitele, jasnovidce a proroky a ty, kdož žili v pravdě. Velké množství těchto duší se nyní znovu inkarnuje, aby vnesly na Zemi opět světlo.

Opravdu spirituální osoba bude s důvěrou očekávat, že druzí naleznou svoji vlastní cestu k vrcholu hory, a nezaujatě jim bude pomáhat. Pokud si někdo přeje přejít na jinou stezku, osvícená bytost mu bude přát jen to dobré. Spirituální bytost nebude soudit nikoho, kdo se vydá špatným směrem. Taková bytost bude podporovat druhé, aby mysleli jen sami za sebe, naslouchali svému vlastnímu vnitřnímu vedení a byli nezávislí. Bude všem dodávat sílu k tomu, aby rozmlouvali přímo s božskou Prapodstatou nebo s anděly či s bytostmi vyšší moudrosti.

Andělé světla pomohou každému vyšplhat se po cestičce vedoucí vzhůru k vrcholu této hory. Všichni jsou si rovni. A i když někdo sklouzne dolů, andělé při něm budou stále trpělivě stát, bez jakéhokoli soudu, a poskytovat mu svoji pomoc, kdykoli o to budou požádáni.

Lidé se někdy ptají, jak je to možné, že andělé mluví tolika jazyky. Většina z nás oplývá telepatií. Často pochytíme to, na co druzí lidé myslí, a většinou překvapeně řekneme: „Ach, zrovna jsem si myslel to samé!“ Mimo hranice lidského těla, ve vyšších světech, je veškerá komunikace telepatická. Slova nejsou zapotřebí, protože energie toho, o čem je řeč, je prostě přenesena na druhou osobu. K tomu nedochází nahodile a nevědomky, tak jak se o to snažíme my. Spíše je to jako poselství, které je zformováno zasilatelem a nasměrováno v proudu vědomí na příjemce.

Když s námi andělé a vyšší bytosti komunikují, směrují k nám proud vědomí, který k nám dorazí jako mocná myšlenka nebo hlas, který slyšíme ve své hlavě. K tomu může být přidán zvuk, aby byl vytvořen hlas. Nicméně to, co je předáváno, je energie, která je přefiltrovaná přes naše vědomí do našeho jazyka. Takže není nutné, aby byli andělé nějací lingvisté. Hovoří v jazyce Pána tvorstva, což je vibrace lásky.

V prvním kurzu, který jsem pořádala, jsem vedla meditaci. Bylo mi jasně řečeno, že jsme se všichni chovali příliš analyticky a že musíme přestat přemýšlet. Místo toho musíme naplnit svoji mysl bělavě fialovou barvou. Okamžitě jsem ucítila, jak v mém třetím oku září nezměrné bílo-fialové světlo. Měla jsem neuvěřitelně nádherný pocit míru a celistvosti. Později jsem zjistila, že většina prožívala ten samý mocný pocit v okamžiku, když se přiblížili andělé. Když se ponoříme do fialové nebo bílo-fialové barvy, zvýšíme tím svoji vibraci.

Zde uvádím pět způsobů, jak se blíže napojit na anděly světla.

1. *Často na ně myslete. Požádejte je, aby přišli blíž a pomohli vám.*
2. *Projasněte a vyčistěte své myšlenky tak, aby byl povrch vaší aury přístupnější pro jejich jemnou vibraci.*
3. *Přestaňte všechno analyzovat a nad vším přemýšlet. Tím se přesouváte do levé poloviny svého mozku, a zabraňujete tak spojení. Kdykoli zjistíte, že jste zabráni do svých myšlenek, umístěte do své mysli bílo-fialové světlo.*
4. *Buďte vnímaví pro jejich přítomnost a jejich poselství.*
5. *Naslouchejte vždy andělské hudbě. Ta je v současnosti posílána k Zemi z velmi mnoha míst. Pročistí to vaši auru a umožní andělům, aby do vaší aury vstoupili. Je to skutečně nádherné. Jak se dozvíte, jestli je to tak skutečně je? Jak se dozvíte, jestli je to pro vás to správné? Užijte svoji intuici.*

Andělé vám pomohou převzít vládu
nad svojí vlastní duší.

KAPITOLA 31

Inspirace

Jednou jsem tiše seděla a přemýšlela o mnoha problémech, se kterými se vypořádávali lidé, jež jsem znala. Náhle jsem uslyšela andělský hlas. Tento hlas řekl: „Důvodem toho, proč mnoho lidí prochází tolika výzvami, je to, že se urychluje karma. Musíte čelit svým démonům, naučit se své lekce a jít dál. Nyní není čas na odpočinek."

Karma je nevyhnutelným splácením našich dluhů. Jestliže jsme někdy někomu myšlenkami nebo činy ublížili nebo ho zranili, musíme za to platit. Neexistuje žádné vyhnutí se následkům našich činů, protože bilance naší karmy jde stále s naší duší, často i po několik životů.

Já sama jsem prošla obdobím, které pro mě bylo velmi složité. I když jsem se snažila být ve svém středu a pevná ve svém základu, věděla jsem, že mé emoce jsou značně rozkolísané.

„Jak můžeme jiným pomáhat a léčit je, když se sami takto cítíme?" Ptala jsem se.

Andělský hlas mi odpověděl: „Vyjdi ze sebe do svého zlatého těla. To je tvé andělské tělo."

Když to řekl, usmála jsem se. Zlaté tělo je výraz, který užívám, když mám na mysli stav, kdy se ocitneme ve svém středu. Tento výraz vznikl před pár lety, kdy jsem pracovala s jedním jasnovidcem, který se na mě podíval a vydechl: „Ach, vy jste úplně zlatá. Jste ve zlatém těle."

Když se povzneseme do svého zlatého těla, dostaneme se do prostoru, kde nás nemůže nikdo a nic nikterak ovlivnit. Necháváme sami sebe daleko za sebou, a tak můžeme naslouchat vyššímu vedení a jsme naprosto soustředěni na to, co děláme.

Hlas dále pokračoval s informací, která byla pro mě naprosto ohromující: „Protože současná doba je obzvlášť složitá, andělé se přesouvají blíž k Zemi, aby mohli pomáhat. Vaše atomy, buňky a DNA se mění, a tak můžete vstupovat do páté dimenze. Můžete pociťovat tento stav ve svém těle – ve svém srdci, ramenech, solárním plexu a nově vytvořených čakrách. Vy, lidské bytosti, jste multidimenzionální. Andělé jsou pěti a vícedimenzionální."

Většina lidských bytostí až dosud žila v hmotném světě, kde věříme v existenci pouze toho, čeho se můžeme dotknout, co můžeme vidět a pociťovat. Žili jsme v materiálním světě, limitovaném našimi přesvědčeními.

Nepřetržitě pociťujeme potřebu lásky a uznání druhých lidí. Bojíme se odmítnutí, opuštění a samoty. To znamená, že my, lidské bytosti, se pokoušíme druhé ovládat a manipulovat, aby mohly být naše potřeby naplněny. Potřeba tělesné, duševní a emocionální podpory vede ke vzniku závislých vztahů. Takové vztahy nám zabraňují v našem duchovním růstu.

Když se obracíme k duchovnu, většina z nás požaduje věci, po kterých toužíme, nebo žádá naplnění našich potřeb.

Planeta Země se stává pětidimenzionální planetou, což je planeta vyššího uvědomění. V tomto stavu uvědomění nebudeme potřebovat podporu ani uznání od druhých lidských bytostí. To znamená, že už dále nebudeme usilovat o závislé vztahy. Naším jediným cílem bude nejvyšší spirituální cíl.

Na úrovni vyšší dimenze žijeme ve větší míře důvěry, a tak když o něco požádáme Boha nebo božskou Prapodstatu, očekáváme, že to dostaneme. Vždy se pak zaměřujeme na žádost o rozvoj hodnot, spíš než o požadování věcí.

V páté dimenzi budeme žít ve stavu harmonie, míru a klidu, a budeme pracovat pro nejvyšší dobro své i ostatních.

Není divu, že se andělé s jejich láskou a moudrostí shromažďují blíže k planetě Zemi, aby pomohli k masivnímu pozvednutí sféry uvědomění!

Hlas pokračoval: „S anděly se můžeš spojit mnohem snadněji, jsi-li v pětidimenzionálním těle, což je tvé zlaté tělo. Přemístění se do tohoto vyššího stavu vědomí je jako zařazení vyšší rychlosti. Většina z vás to dělá automaticky, ale zde předkládám možnosti, které vám v tom budou pomáhat:

- *Čtení inspirativních knih. Díky tomu se budete udržovat otevření pro duchovno.*
- *Zaměření se na krásu, radost a vyšší hodnoty.*
- *Procházky přírodou a radování se z ní tak často, jak jen lze.*
- *Poslech inspirativní hudby. Hudba vstupuje do vašich buněk a pozvedá úroveň vaší vibrace.*
- *Nepřetržitě děkujte za věci, které skutečně vlastníte. Když děkujete, vysíláte energii vděčnosti, která do vašeho života přitáhne více dobrých věcí.*
- *Relaxujte. Víme, že je to těžké, když máte pocit, že se řítíte dolů po řece života, ale my vás prosíme, abyste se naplnili důvěrou a nechali se tímto proudem unášet.*“

Zeptala jsem se, jak se napojit na anděly. Hlas odpověděl: „Jednoduše na ně zaměřte svoji pozornost!“

Zaměřte svoji pozornost na anděly,
abyste je vnesli do svého života.

KAPITOLA 32

Andělská cvičení

Tuto knihu zakončím určitými vodítky, která vám pomohou přiblížit se ke svým andělům a umožní jim pomoci vám způsobem, o kterém jste nikdy nepředpokládali, že je možný.

Ujistěte se, že máte na sobě pohodlný oděv a že nebudete půl hodiny ničím rušeni.

Abyste v místnosti pozvedli energii, můžete zapálit svíčku nebo okolo sebe umístit krystaly, rostliny nebo květiny. Také přítomnost duchovních knih pozvedá vibrace, aby bylo možno spojit se s anděly. Stejně tak krásná hudba.

Než začnete se svojí meditací, vyjádřete odhodlání, že cokoli se stane, bude pro vaše nejvyšší dobro. Požádejte, aby k vám přišli blíže andělé světla, aby vás chránili a léčili.

Jak se setkat se svým andělem

1. *Pohodlně si sedněte nebo lehněte.*
2. *Dýchejte trochu hlouběji než obvykle a na výdech se vždy uvolněte, až se nakonec celé vaše tělo zcela zklidní.*
3. *Pozvěte svého strážného anděla, aby k vám přišel blíže. Pociťujte,*

jak vás objímají jeho jemná křídla, a uvolněte se do stavu bezpečí.

4. *Zeptejte se svého strážného anděla na jeho jméno. Radujte se z toho, jestli vám jeho jméno vytane na mysli, ale nic si z toho nedělejte, pokud se tak nestane.*
5. *Zahalte se do lásky a bezpečí svého strážného anděla, začněte si uvědomovat existenci ostatních andělů, pohybujících se okolo vás. Každý z nich má pro vás mnoho lásky.*
6. *Vdechujte všechnu tu lásku, která je zde pro vás k dispozici. Připomínejte si, že si zasloužíte být milovaní.*
7. *Když jste připraveni, otevřete pomalu oči.*

Pročištění a léčení vašeho srdce

1. *Pohodlně si sedněte nebo lehněte.*
2. *Zhluboka se nadechněte a s výdechem se přesuňte do svého středu.*
3. *Soustřeďte se na vnější obal svého srdce. Je jemný a zdravý, nebo je drsný, pohmožděný, rozpraskaný, zlomený nebo jakkoli poškozený?*
4. *Soustřeďte se na vnitřek svého srdce. Je plný lásky, nebo je plný ublížení, zloby a závisti? Jsou zde uvězněny staré nevyřešené události, které čekají na to, až budou uzdraveny?*
5. *Pozvěte anděly, aby přišli vyléčit vaše srdce, a pociťujte, kolik vám jich přišlo pomoci.*
6. *Dovolte jim, aby vaše srdce utišili, spravili nebo jakkoli vyléčili.*
7. *Nechejte je vyjmout vaše srdce a vynést je vzhůru k nádhernému vodopádu. Až budou držet vaše srdce v této vodě, pociťujte a sledujte, jak se odplavují pryč stará ublížení.*
8. *Tito andělé nyní nesou vaše srdce vzhůru k božské Prapodstatě pro požehnání. Uvolněte se a buďte vnímaví a otevření pro cokoli, co se může stát.*
9. *Pošlete díky za vše, co jste dostali.*

10. Otevřete se, abyste umožnili svému očištěnému a požehnanému srdci, aby se vrátilo zpět do vašeho těla.

11. Pociťujte, jak se andělé dotýkají vaší aury tak, aby byla celistvá a vy se cítili v bezpečí.

12. Když jste připraveni, otevřete oči a soustřeďte se na milující myšlenky.

Jak se setkat s vládci karmy

Vládci karmy nám pomáhají činit naše životní volby. Udržují karmické záznamy, které představují bilanci všeho dobrého a zlého. Když o to požádáme, poskytnou nám svoji pomoc a rady. Pokud se ve vašem životě objeví nějaká výzva, ohledně které se toužíte zeptat na radu, možná byste se chtěli rozhodnout dříve, než se vydáte na svoji cestu.

1. Několikrát se zhluboka nadechněte, a když vydechujete, říkejte si pro sebe „mír".

2. Uvolněte své tělo. Začněte u palců u nohou a pokračujte až k temeni hlavy.

3. Pozvěte svého anděla, aby k vám přišel blíž, a pociťujte nebo sledujte, jak se k vám přibližuje. Chvíli věnujte tomu, abyste ho láskyplně přivítali.

4. Požádejte ho, aby vás zavedl vzhůru k vládcům karmy pro pomoc a radu.

5. Nechejte jej, aby vás vzal za ruku a vytáhl přes mraky mezi hvězdy do celého vesmíru.

6. Nadechujte světlo a vydechujte závist, zlobu, vinu, ublížení nebo strach. Věnujte tomu určitý čas.

7. Před vámi je nádherný bílý chrám. Nechejte svého anděla, aby vás vzal nahoru po bílých schodech a přes dvůr ke dveřím vedoucím do místnosti, kde sedí vládci karmy.

8. Zaklepejte a požádejte o dovolení vstoupit. Poté přistupte k vládcům karmy, pokorně a klidně.

9. Položte svoji otázku nebo požádejte o radu, která by vám pomohla odhalit vaši karmu.

10. Očekávejte odpověď. I když se nezdá, že by se cokoli dělo, váš požadavek bude zapsán a rada přijde, jakmile budete připraveni ji přijmout.

11. Poděkujte vládcům karmy za to, že vás přijali, a dovolte svému andělovi, aby vás zanesl zpět dolů na Zemi.

12. Poděkujte svému andělovi, a než otevřete oči, chvíli tiše odpočívejte.

Jak vnést do svého života vyšší hodnoty

Ve věku Vodnáře, novém zlatém věku, do kterého jsme právě vstoupili, budeme žít na vyšší úrovni uvědomění. Místo zaměřenosti na materiální svět bude naší radostí a potěšením zvyšovat v našem životě vyšší hodnoty. Může to být svoboda, mír, láska, nadšení, věčnost, vyrovnanost, krása nebo jiné nádherné hodnoty, díky kterým se cítíme dobře.

Jedním způsobem, jak uvést tento proces do pohybu, je vyzvat anděly, aby v našich životech zvýšili hodnoty, na které si přejeme se zaměřit. Toto cvičení k vám přitáhne anděly blíž, aby vám s tím pomohli.

1. Tiše a klidně seďte. Nadechujte světlo a vydechujte lásku do té doby, až se cítíte být zcela uvolnění a klidní.

2. Rozhodněte se pro jednu nebo dvě vyšší hodnoty, které byste rádi ve svém životě zvýšili.

3. Pozvěte svého strážného anděla a pociťujte, jak vás objímá a podporuje.

4. Na chvíli se zamyslete nad jednou z hodnot, kterou chcete zvýšit.

5. Pozvěte anděla této hodnoty. Můžete tohoto anděla ucítit, vnímat jeho barvu, velikost a způsob, jakým se obléká.

6. Požádejte tohoto anděla, aby do vašeho života vnesl více takové hodnoty.

7. *Pociťujte, vnímejte a sledujte, jak se váš život touto vyšší hodnotou zaplňuje.*
8. *Očekávejte, že k vám přijde ještě více této hodnoty.*
9. *Otevřete oči.*

Jak se zbavit strachu

Andělé jsou připraveni a touží po tom, aby nám pomohli zbavit se starých obav, pokud se uvolníme a důvěřujeme jim, že tak učiní.

1. *Uvolněte se a dýchejte klidně a stejnoměrně.*
2. *Pozvěte k sobě anděla, aby vám pomohl zbavit se strachu a napětí, které tyto obavy způsobují ve vašem těle.*
3. *Možná si přejete na svůj strach myslet, nebo jen dýchat do napjaté části svého těla, kde tento strach zadržujete.*
4. *Dovolte obrazu, vzpomínce nebo symbolu, aby vplul do vaší mysli.*
5. *Relaxujte v okamžiku, kdy vám tento obraz, vzpomínku nebo symbol andělé odnímají. Dovolte jim, aby tento strach rozpustili ve světle.*
6. *Nyní vám andělé ukážou pozitivní obrázek nebo symbol, který vám pomůže, abyste se cítili silní.*
7. *Tento symbol vám umístí buď do vašeho třetího oka, nebo do části těla, která byla v napětí.*
8. *Poděkujte andělům a otevřete oči.*

Jak zvýšit sebehodnocení a sebevědomí

Náš solární plexus je sídlem naší energie. Právě zde držíme svůj pocit sebehodnoty a sebevědomí. Mnoho lidí zde zadržuje strach. Andělé touží po tom, aby nám nyní mohli pomoci strach uvolnit a pozvednout naše sebevědomí a pocit vlastní hodnoty.

1. *Uvolněte se a utište se.*

2. Nadechujte do svého solárního plexu. Vaše nádechy by měly být dlouhé, pomalé, hluboké a stejnoměrné.

3. Představte si, že jdete do svého solárního plexu a nalézáte tam sklepení nebo místnost. Jak vypadá?

4. Pozvěte svého anděla, aby vynesl ven jakékoli staré vzpomínky, obavy nebo negativitu.

5. Dovolte svému andělovi, aby vytáhl ven jakoukoli temnotu, špínu nebo prach.

6. Buďte si vědomi toho, jak dělá váš anděl zlatou kouli světla a naplňuje ji sebevědomím, oceněním a silou.

7. Když tuto zlatou kouli energie umisťuje do vašeho solárního plexu, vnímejte to.

8. Nadechujte do ní a pociťujte, jak se zvyšuje vaše hodnota a cena.

9. Poděkujte svému andělovi a otevřete oči.

Osvobození se od spoutanosti

Jestliže jsme k něčemu připoutáni, nemůžeme se z toho radovat, protože se bojíme, že budeme nešťastní, když to ztratíme. To se vztahuje na materiální vlastnictví, koníčky, práci a někdy i na takové hodnoty, jako je zloba. V novém uvědomění je tedy správné věci mít, pokud jsme si jisti, že je naše ego nepotřebuje.

To samé se vztahuje na lidi. Potřeba jakéhokoli druhu vytváří provazy, které nás připoutávají k lidem a jsou příčinou toho, že s nimi emocionálně manipulujeme. Bezpodmínečná láska nevytváří žádné provazy a nechává ostatní naprosto svobodné a být sami sebou.

Andělé touží po tom, aby nám pomohli se osvobodit, odpoutat a učinit sebe i ostatní volné.

1. Uvolněte celé tělo a začněte se cítit dobře a pohodlně.

2. Rozhodněte, co nebo koho jste nyní připraveni propustit.

3. Pociťujte to, nebo to spatřete před sebou.

4. Buďte si vědomi všeho, co vás s tím spojuje.

5. Pozvěte anděla, aby toto spojení zpřetrhal a rozpustil provazy až k jejich kořenům. Buďte si vědomi toho, že to můžete pociťovat přímo ve svém hmotném těle.

6. Požádejte tohoto anděla, aby vás zaplnil nějakou vyšší hodnotou, a tak vám pomohl, abyste to nechali ze svého života odejít.

7. Nadechujte tuto vyšší hodnotu.

8. Poděkujte tomuto andělovi a otevřete oči.

Jak uzdravit své vnitřní dítě

Většina z nás má v sobě své vnitřní dítě, které je uvězněné nebo ztracené a ublížené. Kdykoli ve svém těle pociťujeme bolest, můžeme si být jisti tím, že naše vnitřní dítě nám tak říká, že má bolesti, a způsobuje tím trhlinu v proudu naší energie.

Když se cítíme být ublížení, ustrašení, plní zloby, závisti, žárlivosti, umínění nebo ne dost dobří, znamená to, že část našeho já je stále uvězněná v dětství a vytváří v našem životě problémy.

Andělé jsou šťastni, když nám mohou pomoci vyléčit tyto uvězněné části nás samých, pokud je o to požádáme.

1. Věnujte pár minut tomu, že uvolníte všechny klouby ve svém těle a relaxujete.

2. Nadechněte se příjemně do svého břicha, rozšiřujte ho a pak pomalu vydechněte. Toto několikrát opakujte, dokud se nezačnete cítit velmi příjemně.

3. Vzpomeňte si na to, kdy jste naposledy cítili zlobu, ublížení nebo jste se cítili jakkoli jinak negativně. Uvědomte si, že vyrovnaný, moudrý, dospělý člověk tyto emoce nepociťuje. Tyto emoce jsou emocemi vašeho uvězněného dítěte. Pociťte, jak staré je toto dítě ve vás.

4. Když toto dítě naleznete, utište jej a pozvěte léčebné anděly, aby jej uzdravili.

5. Uvolněte se a buďte otevřeni všemu, co andělé dělají, aby vaše dítě vyléčili.

6. Když vám vaše dítě vrátí, všimněte si, v čem vypadá jinak a jaký jiný pocit z něho vychází.

7. Poděkujte těmto andělům.

8. Chovejte a milujte své vnitřní dítě.

Jak uzdravit své předky

Generacemi je předáváno skutečně mnoho bolesti a utrpení. Mnoho nevyřešených rodinných vzorců chování pokračuje dál a dál. Existují otázky, které udržují příliš mnoho duší uvězněných v hutném energetickém poli okolo planety Země, což způsobuje, že se musí stále znovu a znovu inkarnovat.

Andělé jsou připraveni a touží nám pomoci se osvobodit a osvobodit i naše předky.

1. Nadechujte dolů až do svých chodidel, dokud v nich nepocítíte tíži a příjemný pocit. Pak dýchejte do svých nohou, dokud nejsou také velmi uvolněné. Totéž udělejte se svýma rukama, zády a tělem.

2. Pozvěte vhodné anděly, aby k vám přišli, a relaxujte v jejich nádherné energii.

3. Vysvětlete andělům, s jakým vzorcem chování potřebujete pomoci.

4. Představte si živě řadu předků, kteří všichni nesou břemeno tohoto vzorce chování.

5. Dovolte těmto andělům, aby vás vynesli vesmírem, výš a výš, až uvidíte zářící bílé světlo. V tomto světle přebývá božská Prapodstata.

6. Spolu s anděly poklekněte a požádejte o milost pro sebe a pro své předky.

7. Pokud je vám tato milost poskytnuta, bude vám dáno znamení.

8. S tímto symbolem se vraťte zpět na Zemi a pošlete jej pozpátku řadě svých předků.

9. Poděkujte těmto andělům a otevřete oči.

PRAGMA VYDÁVÁ

Eileen Caddy
SPIRITUALITA FINDHORNU

Již více než třicet let je Findhornská komunita demonstračním a vzdělávacím centrem duchovního života, který autorka přibližuje všem, kdo hledá božskou podstatu sám v sobě. Kniha je duchovním průvodcem všech, kteří se chtějí seznámit s myšlenkami hnutí New Age.

Neale Donald Walsch
HOVORY S BOHEM
New York Times Bestseller

Předpokládejme, že bychom mohli položit Bohu ty nejzapeklitější otázky – otázky týkající se lásky a víry, života a smrti, dobra a zla. Předpokládejme, že by nám Bůh dopřál sluchu a poskytl nám srozumitelné odpovědi. To se přihodilo autorovi této knihy a může se to přihodit i vám.

Neale Donald Walsch
HOVORY S BOHEM II
Neobvyklý dialog

Druhá kniha populárních Hovorů s Bohem je psána formou „veřejného dialogu", který je určen všem, kteří přemýšlejí o své duchovní cestě v kontextu moderní doby.

Neale Donald Walsch
HOVORY S BOHEM III
Neobvyklý dialog

Toto je třetí část neobvyklého rozhovoru, kterou autor psal čtyři roky a shrnul v ní učení obsažené v prvních dvou knihách trilogie a navíc je dovedl k logickému a překvapivému závěru. Její moudrost a pravda, upřímnost a láska silně zapůsobí na mnoho lidí, kteří ji budou číst.

Neale Donald Walsch
PŘÁTELSTVÍ S BOHEM
Neobvyklý dialog

Každý z vás prožívá rozhovor s Bohem svým vlastním způsobem. Vždy je to dvoustranný rozhovor který je v „tvé hlavě" nebo na papíře. Odpovědi Boha mohou přicházet také ve formě písničky, nebo filmu, nebo přednášky, které se zúčastníš, nebo novinového článku, který budeš číst, nebo nahodilé poznámky přítele, kterého „náhodou" potkáš na ulici.

ZÁKLADNÍ UČENÍ TIBETSKÉHO BUDDHISMU
JEHO SVATOST DALAJLAMA,
poctěný v roce 1989 Nobelovou cenou míru
CESTA K SVOBODĚ
Základní učení tibetského buddhismu, jež představuje základ jak pro širokou veřejnost a začínající studenty, tak pro pokročilejší čtenáře, kteří chtějí proniknout do tibetského buddhismu.

PROBUZENÍ MYSLI A OSVÍCENÍ SRDCE
Se znalostí tradice i lidské duše autor ukazuje, jak lze pomocí jednoduchých meditací praktikovat buddhistické učení o soucítění a porozumění v každodenním životě.

RADOST ZE ŽIVOTA A UMÍRÁNÍ V POKOJI
Tento třetí svazek autor označuje za pomůcku pro ty, kteří nemají dostatek času nebo příležitostí k rozsáhlejšímu studiu nauky. Proto je dílo zaměřeno velmi prakticky a obsahuje konkrétní meditační cvičení, jejichž úkolem je vést čtenáře, aby probudil svou mysl a tak vystoupil z koloběhu existence.

Šajch Hakim Moinuddin Chišti
KNIHA SÚFISTICKÉHO LÉČITELSTVÍ
Súfí považuje léčení nemocných za nejdůležitější ze všech služeb lidstvu. Poprvé jsou na Západě prezentovány tajemné principy a praktiky této božské vědy, založené na 800 let staré tradici řádu Chišti. Kniha zahrnuje mimo jiné dietní doporučení Proroka, přípravu předpisů z bylin, léčení esenciálními oleji, nemoci povstávající z různých stadií vývoje duše, půst a modlitbu, talismany a „spolehlivý lék“.

Barbara Ann Brennan
RUCE SVĚTLA
Velká obrazová publikace o léčbě lidským energetickým polem a spolupráci léčitele a pacienta, která nás vede do dalších, dodnes neodhalených úrovní energie fungujících ve vzájemných vztazích. Kniha, která je biblí pro všechny léčitele, inspirovala rovněž mistryni reiki Mari Hall.

Objednávky a distribuce v knihkupectví
NA VÝCHOD OD PAŘÍŽSKÉ,
Vězeňská 3, 110 00 Praha 1